JN070200

この本について

「企画書やメールを読みやすく書きたい」

「人事の印象に残るエントリーシートを書きたい」

　本書はそんな悩みを抱えるビジネスパーソンや、就職活動中の学生に向けられています。

　文章が読みにくい理由は、ただひとつ。「書きすぎ」です。伝えたい内容をあれもこれも詰め込みすぎてしまい、言葉に贅肉がつきパフォーマンスが悪化。読みにくくなってしまうのです。なので、解決方法もただひとつ。

**　言葉の贅肉を削ぎ落とす。つまり「言葉ダイエット」です。**

　筆者の本業はコピーライターです。コピーライティングのスキルは、すべての文章を読みやすくするのに役に立つ。そんな考えから、本書を執筆しました。

　本書で得られる内容は、次の4つです。

❶読みやすい文章の書き方

　必要なのは「才能」ではなく「スキル」です。「スキル」

なので、誰でも覚えられます。読んですぐに使えるし、使うほどに上達します。

❷こんなビジネス文章はイヤだ！
ダメなビジネス文章の例を紹介。❶のスキルで読みやすくする方法を解説します。ビジネスや就活にすぐに使えるよう、メールやエントリーシート、企画書など幅広い文例を用意しました。

❸読みたくなる文章の書き方
そもそも読みたくなる内容でなければ、読みやすくなりません。読み手をひきつける文章を書くための、コピーライターの発想法を紹介します。

❹読みやすい文章　実例集
広告コピーを中心とした実例の紹介を通して、名文の構造を解説します。

言葉ダイエット、スタートです！

CONTENTS 目次

この本について —— 002

第1章
なぜあなたの
メールや企画書、
エントリーシートは
読みにくいのか?
—— 007

なぜあなたのメールや企画書、
エントリーシートは
読みにくいのか? —— 008

「書く」より「消す」が
文章を決める —— 010

難しい文章は、ほぼ、
ヘタクソな文章だ —— 012

「才能」ではない。
「スキル」である —— 014

第2章
言葉ダイエットで、
短く書こう —— 015

ビジネス文章が長くなる原因
—— 016

理由❶
「読んでもらえる前提でいる
から」 —— 016

理由❷
「あなたが真面目で、
能力が高いから」 —— 018

言葉ダイエット その1／
ひとつの文には、
ひとつの内容だけ —— 018

言葉ダイエット その2／
1文は40～60文字以内
—— 023

言葉ダイエット その3／
抽象論禁止 —— 024

言葉ダイエット その4／
繰り返し禁止 —— 033

言葉ダイエット その5／
ムダな敬語禁止 —— 038

言葉ダイエット その6／
表記を統一しよう —— 043

言葉ダイエット その7／
こそあど＆接続語の連発禁止
—— 049

言葉ダイエット その8／
Tips —— 054

第3章
言葉ダイエットを、実際にやってみよう
—— 059

言葉ダイエットを、
実際にやってみよう —— 060

❶ 読みやすいメールとは
—— 061

❷ 読みやすい企画書とは
—— 075

❸ 読みやすいエントリーシート
とは —— 106

第4章
読みたくなる
文章の書き方 —— 119

読みたくなる文章の書き方
—— 120

「おもしろい」とは何か —— 120

「発見」がある文章は、
おもしろい —— 121

「主観的発見」とは —— 123

「主観的発見」を使った、
ビジネス文章の書き方 —— 125

「客観的発見」とは —— 128

「客観的発見」を使った、
ビジネス文章の書き方 —— 129

コピーライター流
「発見」の探し方 —— 133

1：「広げる」 —— 135

2：「分ける」 —— 140

3：「選ぶ」 —— 142

4：「仕上げる」 —— 142

文章を書くことは、ストーリーを
語ることだ —— 145

特別対談
「何歳からでも、
　おもしろくなれる。」
橋口幸生（電通・コピーライター）×
田中泰延（青年失業家）
　── 152

第 5 章
言葉ダイエット実例
「読みやすいとは、
　こういうことだ」
── 163

自己紹介／
「ひとりの商人、無数の使命」
（伊藤忠商事）── 165

事実／例 ❶
「昨日まで世界に
　なかったものを。」
（旭化成）── 171

事実／例 ❷
「世界の食料の約1/3は、
　ただ捨てられるために
　作られている。」
（TOPPAN）── 177

提案／例 ❶
「日本は、義理チョコを
　やめよう。」
（GODIVA）── 184

提案／例 ❷
「せやろがいおじさん」
── 191

正論／例 ❶
「里親が育てる。
　社会が支える」
（子どもの家庭養育推進官民
　協議会、日本財団）── 198

正論／例 ❷
「飛騨市長のコラム」
── 201

読みやすい文章を書くための
最重要ポイント ── 205

最後に
言葉ダイエットで、
楽しく書こう。楽しく働こう。
── 212

第 **1** 章

なぜあなたのメールや
企画書、エントリーシートは
読みにくいのか?

なぜあなたのメールや企画書、エントリーシートは読みにくいのか？

皆さんは毎日仕事で、次のような文章に接しているのではないでしょうか。

BEFORE | ダイエット前

> 今、デジタル・トランスフォーメーションが加速する日本のマーケットにおいて、幅広いデモグラフィーのターゲットにエンゲージメントできるシンプルな文章を書くソリューションは、全ビジネスパーソンのコンピテンスになりつつあると考えます。そうした文章術の本が日本中のどの書店においてもディスプレイされているファクトも、そのエビデンスと言えます。しかし、そうしたコンセプトの文章術の本は、どれもスキームや本質をインプットすることが可能ですが、足りない視点があるのも事実です。そう深掘りしたことが、私がこの本を執筆させていただくことになったきっかけでした。

では続いて、次の文章を読んでみてください。

AFTER ダイエット後

> 読みやすい文章を書くスキルは、すべてのビジネスで必要だ。実際、書店には文章術の本がたくさん並べられている。優れたものもたくさんある。しかしどれも「ある視点」

> が欠けている。そう考えたことが、私が本書を執筆したきっかけだ。

　同じ内容でも、後者のほうがずっと読みやすいですよね。理由は明らかです。前者の文字数は271文字、後者の109文字の2倍以上あります。**つまり長過ぎるのです。**

　記事、小説、手紙、日記などなど。世の中には数多くの文章がありますが、読みにくさという点ではビジネス文章がダントツです。**遠回しで、小難しくて、カタカナだらけで、何より長い！**　読むだけでひと仕事した感じすらします。ガマンして読むうちに、いつしか自分も同様の文章を書くクセがついてしまう。そんな悪循環が起きているのではないでしょうか。

　筆者の本業はコピーライターです。**この本を書こうと思ったのは、仕事で接する文章が長くて読みづらいと、ずーっと感じていたからです。**コピーライターの仕事は、オリエンシートを受け取ることからはじまります。オリエンシートとは、どんな広告を作りたいのかが記された発注書のことです。しかし多くの場合、一読しただけでは何を書いてあるのか全然分かりません。100ページ以上あるのに結局何をしたいのか不明なんてことはザラです。

　オリエンを受けて広告会社が提案する資料も、パワポの隅から隅まで文字ビッシリで、妙な色の矢印が飛び交い……という

場合が多々あります。広告に限らず、どの業界も同じような状況ではないでしょうか。こうなってしまう理由は、たったひとつです。

　ビジネスにおいて、人は書きすぎてしまうのです。

【　「書く」より「消す」が文章を決める　】

● 人は、書くことと、消すことで、書いている。

（トンボ鉛筆 2006年）

…というコピーがあります。「消すこと」という言葉でわかるように、鉛筆ではなく「消しゴム」のコピーです。でも、僕はここに書くことの本質が表現されていると思っています。つまり「書くこと」以上に「消すこと」が重要なんです。

　思っていることをそのまま書くのは、誰でもできます。そこから必要な内容を取捨選択するのが難しいのです。ビジネスは真剣勝負。書いた内容が伝わるかどうか不安なので、どうしても言葉を重ねたくなります。得意先や上司に向けた文章であれば、なおさらです。就職活動であれば、エントリーシートの出来不出来は人生を左右しかねません。思いつく限りのアピールポイントを書き連ねる人も多いでしょう。結果、でっぷりと贅肉がついた読みにくい文章になってしまうのです。真面目で気

配りのできる人ほど、この罠にはまる傾向があります。

　今後、社会的にも長い文章は敬遠されるようになるでしょう。総務省の調査によると、1996年から2006年までの10年間で、世の中の情報量は530倍に増えました。現在では、流通している情報量が、消費できる情報量の2万倍に達すると言われています（平成18年度情報流通センサス報告書）。こうした天文学的な量の情報を突破してはじめて、あなたの文章は、相手に届くのです。大事なことほど、短時間で効率的に伝えなくてはいけません。そこで役に立つスキルが、言葉の贅肉を削ぎ落とす「言葉ダイエット」です。

　僕がこの事に気づいたのは、作家やライターではなく、「コピーライター」だったからだと思います。**コピーライターは書く仕事だと思われていますが、実際は「消す」仕事なんです。**

　広告を出すにはたくさんのお金がかかります。広告主はもとを取るために、あれもこれもと情報を詰め込もうとします。しかし、ほとんどのテレビCMは15秒しかありません。ポスターなんて数秒見られればいいほうでしょう。ウェブだって、せいぜい2、3分です。いらない情報と判断された瞬間、停止ボタンを押されます。そんな状況で、効率的に伝えるために情報を取捨選択するのが、コピーライターなのです。

難しい文章は、ほぼ、ヘタクソな文章だ

　ビジネス文章って、専門的で難しいものだなぁ…。僕は長い間、そう思っていました。特に若手のころは「自分に経験と知識がないから、内容が入ってこないんだ」と自分を責めて、焦っていました。しかしある時、

「これは難しい文章じゃない。ただのヘタクソな文章だ！」

と、気づいたのです。

　ヒット作を手がけるコピーライター達は、ふだんから読みやすい文章を書きます。企画書から何気ないメールまで、とにかく読みやすい。短くて、主張が明確、スッと頭に入ります。広告でつちかった「言葉ダイエット」のスキルが、あらゆる文章に応用されているのです。

　この発見以来、僕は文章の書き方を変えました。**以前は「書き漏らさないようにしなくちゃ」「何となくビジネスっぽい体裁にしなくちゃ」**といったことばかり考えていました。これでは長くて読みづらい文章になるのは当たり前です。何より、書くこと自体が苦痛でした。

　そこで、すべての文章をコピーと同じように書くことにした

のです。効果はすぐに出ました。

　企画会議で自分の案が通りやすくなり、クライアントにも採用されるようになりました。特に競合プレゼンでは、勝率が劇的に上がりました。

　効果は仕事にとどまりません。

　いろいろなメディアから執筆のオファーが来るようになったこと。コピー教室や企業での講演が増えたこと。ソーシャルメディアでフォロワー数が増えたこと、などなど。

　考えてみればビジネスの大半は「書くこと」です。しゃべった内容より書いた文章のほうが手元に残り、影響を与え続けます。**どんな仕事をしていても、書くスキルは絶対に必要なのです。**ビジネス文章は読みにくくて当たり前と誰もが思っています。逆に考えれば読みやすい文章が書けることは、あなたの強い武器になるでしょう。

　今、社会的にも「言葉ダイエット」が必要だと思います。読み書きの時間が短縮できれば、働き方改革の一貫になります。利益にも影響があるはずです。読みやすい文章でアイデアが共有されれば、日本企業が苦手なイノベーションにつながるかもしれません。

「才能」ではない。「スキル」である

「文才」という言葉が示しているように、読みやすい文章が書けるのは才能だと、多くの人が思っています。これは大きな誤解です。読みやすい文章には明確な基準があります。必要なのは才能ではなく、基準に沿って書く「スキル」です。「スキル」なのですぐに覚えて、すぐに使えます。そして使うほどに上達します。

「言葉ダイエット」のスキルとは、どのようなものなのか?

　次章から説明してゆきます。

第 2 章

言葉ダイエットで、
短く書こう

ビジネス文章が長くなる原因

　本章では「言葉ダイエット」のスキルについて、具体的に紹介します。そのために、まずは文章が長くなる「理由」について考えましょう。身体のダイエットの場合も、理由次第で対策が変わりますよね。食べ過ぎであれば、カロリーをひかえる。運動不足であれば、スポーツをはじめる。文章も同じです。**原因を理解してから対策を考えましょう。**

　結論から書きます。ビジネス文章が長くなる理由は、たった2つです。

理由❶「読んでもらえる前提でいるから」
理由❷「あなたが真面目で、能力が高いから」

順番に説明していきます。

理由❶
「読んでもらえる前提でいるから」

　文章の内容が伝わるかどうか、誰もが不安になります。**しかし、そもそも読んでもらえるかどうかを不安に感じる人は、驚くほど少ないのです。**自分が文章を書くときのことを思い出してください。無意識のうちに、一語一句、相手がぜんぶ読んで

くれる前提でいませんか？

　実際は、長いメールや企画書は斜め読みしちゃいますよね。プロジェクターで写されたパワポが文字びっしりだったら、それだけで気が滅入りますよね。あなたの文章を読む人も同じです。

　新人コピーライターはまず「広告なんて誰も見たくない」という前提を叩き込まれます。CMを見たくてテレビをつける人はいません。街のポスターを見るために立ち止まる人もいません。広告を見たくない人の興味をどうやってひき、内容を理解してもらうか？　コピーライターの腕の見せ所です。

　今やコピー以外の文章も似たような状況にあると思います。ビジネスパーソンは皆、多忙です。**どんなに丹精込めて書いた文章でも、読みにくければ即離脱されます。**

　まずは「相手は自分の文章を読みたくない」という前提に立ちましょう。それだけでも、文章が変わってくるはずです。心配しなくても大丈夫。ビジネス文章は広告ほど嫌われていませんからね（笑）。

　もうひとつの理由は、「え？」と思われるかもしれません。

理由❷
「あなたが真面目で、能力が高いから」

情報を確実に相手に伝えたい。
目上の人に失礼がないようにしたい。
最新の専門用語を使いたい。
ちょっとはカッコつけたい。

　文章が長くなる背景には、書き手のこんな心理があります。一つひとつは、決して悪いことではありません。むしろビジネスパーソンであれば、必ず押さえておくべきポイントです。問題は、それを文章に落とし込むスキルを知らないことなのです。

　もしあなたが、自分の文章が長く分かりにくいと悩んでいるのであれば、心配は無用です。それは、あなたの能力の問題ではありません。むしろ優れたビジネスパーソンとしての素養がある証拠です。

　ここまで読んでいただいたら、準備万端です。

　言葉ダイエットを学んでゆきましょう！

言葉ダイエット その1／
ひとつの文には、ひとつの内容だけ

次の文章を読んでみてください。

> ブランドのSNSアカウント運営でフォロワーとのエンゲージメントを深める上で大切なことは、フォロワーが多く、影響力の大きいインフルエンサーを選び、中長期的な視野で運用をすることです。しかし、インフルエンサーを選ぶ際には、フォロワー数だけではなく、そのブランドとストーリーを共有しているインフルエンサーを選ぶ必要があります。

最近、マーケティング業界周辺ではよく見かける内容ですが、あまり読みやすくないですよね。

理由は、ひとつの文に複数のことが書かれているからです。

1文目から分析してみましょう。

> ブランドのSNSアカウント運営でフォロワーとのエンゲージメントを深める上で大切なことは（❶）、フォロワーが多く、影響力の大きいインフルエンサーを選び（❷）、中長期的な視野で運用をすることです。（❸）

この文章には、

❶ ブランドのSNSアカウント運営でフォロワーとのエンゲージメントを深める上で大切なことがある。

❷ ひとつは、フォロワーが多く、影響力の大きいインフルエンサーを選ぶこと

❸ もうひとつは、中長期的な視野で運用すること

…という、3つの内容が含まれています。これが読みにくさの原因です。**ひとつの文章に書く内容は、ひとつに絞らなくてはいけないのです。**

これは「**一文一意**」という、文章を書くときの基本です。「一文一意」を守って、例文を書き直してみましょう。

> ブランドのソーシャルメディア・アカウントで、フォロワーとのエンゲージメントを深めるために大切なことは、2つあります。ひとつは、フォロワー数が多いインフルエンサーを選ぶこと。もうひとつは、中長期的な視点で運用をすることです。しかし、フォロワー数だけでインフルエンサーを選んではいけません。ブランドとストーリーを共有しているインフルエンサーを選ぶ必要があります。

ずいぶん読みやすくなりましたね。「**SNS**」を「**ソーシャルメディア**」に修正したのは、前者が日本でしか通じない和製英語だからです。和製英語を英語だと思い込んでいると、外国人と話す際、恥をかくことがあります。基本的に使わないほうが安

全です。

　例文全体を見てみると、まだまだ不自然です。修正を続けます。

ブランドのソーシャルメディア・アカウントで、フォロワーとのエンゲージメントを深めるために大切なことは、2つあります。ひとつは、フォロワー数が多いインフルエンサーを選ぶこと。しかし、フォロワー数だけでインフルエンサーを選んではいけません。ブランドとストーリーを共有しているインフルエンサーを選ぶ必要があります。もうひとつは、中長期的な視点で運用をすることです。

修正前は、

フォロワー数が多いインフルエンサーを選ぶ

▼

中長期的な視点で運用をする

▼

フォロワー数だけでインフルエンサーを選んではいけない

…という流れでした。内容が行ったり来たりしているので、フォロワー数についての記述を1箇所にまとめたのが修正後です。分かりやすくなりましたが、

> ひとつは、フォロワー数が多いインフルエンサーを選ぶこ
> と。しかし、フォロワー数だけでインフルエンサーを選ん
> ではいけません

と、同じ内容を繰り返しているのが不自然ですね。さらに修正
します。

> **AFTER** ┃ ダイエット後　　**全文**
>
> ブランドのソーシャルメディア・アカウントで、フォロワ
> ーとのエンゲージメントを深めるために大切なことは3つ
> あります。ひとつは、フォロワー数が多いインフルエンサ
> ーを選ぶこと。次は、ブランドとストーリーを共有してい
> ること（フォロワー数は多くても、ブランドと関係の無い
> インフルエンサーを選ばないように注意しましょう）。最
> 後に、中長期的な視点で運用をすることです。

　そう。大切なことは、実は3つあったのです。ひとつの文に
複数の内容を書くと、こうしたミスが誤魔化されてしまい、曖
昧な内容になります。**一文一意を守ることで、ロジックのある、
読みやすい文章になるのです。**

> **まとめ**
> SUMMARY
> ## 一文一意
>
> ● ひとつの文章に書く内容は、ひとつに絞る
> ● 一文一意を守れば、ロジックのある文章が書ける

1文は40〜60文字以内

あらためてダイエット前の例文を見てみましょう。

---

❶ ブランドのSNSアカウント運営でフォロワーとのエンゲージメントを深める上で大切なことは、フォロワーが多く、影響力の大きいインフルエンサーを選び、中長期的な視野で運用をすることです。(90文字)

❷ しかし、インフルエンサーを選ぶ際には、フォロワー数だけではなく、そのブランドとストーリーを共有しているインフルエンサーを選ぶ必要があります。(70文字)

第1文は90文字、第2文は70文字です。

次はダイエット後の文章です。

---

❶ ブランドのソーシャルメディア・アカウントで、フォロワーとのエンゲージメントを深めるために大切なことは3つあります。(57文字)

❷ ひとつは、フォロワー数が多いインフルエンサーを選ぶこと。(28文字)

❸ 次は、ブランドとストーリーを共有していること。(23文字)

❹ (フォロワー数は多くても、ブランドと関係の無いインフルエンサーを選ばないように注意しましょう)(47文字)

---

❺最後に、中長期的な視点で運用をすることです。（22文字）

　文章の数がふえた分、1文あたりの文字数が減り、読みやすくなっています。

　新聞記者は記事を書く際、**1文あたり40字～60文字以内**というルールを守っているそうです。何字以上を「長い」と感じるかは、職場によっても違うでしょう。自分に合った文字数を決めて、その範囲内におさめる意識を持つといいと思います。

> **まとめ**
> **SUMMARY**
>
> ## 文字数を決めておく
>
> - 1文あたりの文字数を少なくする
> - 目安は40～60字以内

言葉ダイエット その3 /
抽象論禁止

　なんだか長々と書いてあるけど、抽象的で何が言いたいのか分からない。そんな文章をしばしば目にします。ビジネス文章が抽象化する理由は、一言でまとめれば**「カッコつけるから」**です。

　具体的なエピソードは生々しく、オトナの事情で書けないこ

とが多々あります。下手にやると、こぢんまりとした内容になりがちです。一方、**抽象論は、実態と関係なく、いくらでも膨らませることができます。**自分を大きく見せたいと思えば思うほど抽象化が進むのです。

では、どうすれば具体的な文章が書けるのか？　ポイントはふたつあります。

▶▶ 修飾語禁止

あなたがコピーライターとして、最新スマートフォンを担当することになったと想像してみましょう。出来上がったのが、次のコピーです。

EXAMPLE　例文

スマートフォンのリーディング・ブランドが、次世代のモバイルイノベーションを実現。次世代「スーパースマート」、ついに登場。革新的で洗練されたボディデザインは、上質を手にする喜びを味わえるとともに、毎日にフィットします。ダイナミックなスクリーンは、かつてない美しさを実現。当社独自の技術で開発された映像エンジンにより、より良い広い世界を捉えられるよう、カメラも進化しました。パワーアップされたサイボーグOSが圧倒的なパフォーマンスを実現することで、あなたの毎日をサポートします。

いかにも広告という感じですね。「次世代の」「革新的」「かつてない」などなど、やたらと修飾語が登場します。自分の良いところをアピールしたい気持ちが空回りすると、文章はこうなります。

　修飾語の問題点は、書き手と読み手で解釈が異なる場合があることです。たとえば「洗練されたデザイン」という言葉で人が想像するものは、無数にあります。モノクロで無機質なデザインを思い浮かべる人がいれば、パステルカラーであたたかいデザインをイメージする人もいるでしょう。

　小説など芸術作品であれば、人によって解釈が変わるのはいいことです。しかしビジネスでは百害あって一利なし。**解釈がブレようのない、具体的な言葉だけを使うことが大切なのです。**例文をひとつずつ分析し、修正していきましょう。

BEFORE | ダイエット前

❶スマートフォンのリーディング・ブランドが、次世代のモバイルイノベーションを実現。❷次世代「スーパースマート」、ついに登場。

AFTER | ダイエット後

シェア1位のスマートフォン「スーパースマート」から、最新モデルの登場です。

この文章の本題は❷「次世代「スーパースマート」、ついに登場。」です。❶は❷を修飾するためだけに存在する文章なので、**すべて削除しました。**代わりに「シェア1位のスマートフォン」という具体的な言葉を入れています。

続く文章を見てみましょう。

> **BEFORE** | ダイエット前
>
> 革新的で洗練されたボディデザインは、上質を手にする喜びを味わえるとともに、毎日にフィットします。

> **AFTER** | ダイエット後
>
> ムダを削ぎ落とした、手からすべり落ちにくいボディデザインを採用しました。

ボディデザインについての**具体的ベネフィット**だけを文章にしています。

デザインなど見た目のことを文章にする時、「革新的」「上質を手にする喜び」のような抽象表現にたよりがちです。**しかし、見た目のことは結局、見てみないと分かりません。**長々と文章を書くより、写真でも貼っておけばいいのです。

僕も若手の頃、「絵とコピーで同じことを言うな。絵とコピーのかけ算にしろ」と注意されていました。**ビジネスでも、絵**

と文章を補完しあう関係にすることを意識しましょう。

BEFORE | ダイエット前

ダイナミックなスクリーンは、かつてない美しさを実現。当社独自の技術で開発された映像エンジンにより、より良い広い世界を捉えられるよう、カメラも進化しました。

AFTER | ダイエット後

スクリーンの解像度は旧モデルより50%アップ。デジタルカメラは、当社独自の映像エンジンにより高画質を実現します。

「ダイナミック」「かつてない美しさ」「より良い広い」を削除、具体的な情報に修正しました。

BEFORE | ダイエット前

パワーアップされたサイボーグOSが圧倒的なパフォーマンスを実現することで、あなたの毎日をサポートします。

AFTER | ダイエット後

サイボーグOSもバージョンアップされました。

ダイエット前はほぼ全文修飾なので、バッサリと削りました。

さて、ダイエット後の全文を読んでみましょう。

シェア1位のスマートフォン「スーパースマート」から、最新モデルの登場です。（37文字）ムダを削ぎ落とした、手からすべり落ちにくいボディデザインを採用しました。（36文字）スクリーンの解像度は旧モデルより50%アップ。（23文字）デジタルカメラは、当社独自の映像エンジンにより高画質を実現します。（33文字）サイボーグOSもバージョンアップされました。（22文字）

237文字から、151文字へ。そして全文、40字以内に収まりました。ダイエット成功です！

プレゼン資料や上長への報告書など、**重要なものほどカッコつけて修飾語だらけになりがちです**。気をつけたいですね。

▶▶ カタカナ語禁止

今、IT業界は革命の時代に突入しています。2000年初頭に起こったパラダイムシフトにより様々なキャズムが取り払われ、各社のコアコンピタンスがコモディティ化された結果、先の見えない不況が我々の眼前に覆いかぶさってきています。

LIGは自社の強みでもあるファクトベースにおけるブルー

オーシャン戦略、いわゆるボトルネックを排除したベネフィット創出事業にフルコミットする事で、安定的な成長を続けています。

今では誰もがSNSを利用しています。我々のアセットでもあるナレッジ化されたコンテンツ・マーケティング戦略は、更にドライブさせる事で世の中に多様なインパクトを与えられると信じています。さらに社員ひとりひとりがポリバレントプレーヤーとして活躍する事により確立されたリスクヘッジメソッドは、他業種とのアライアンスを積極的に結ぶ事で効率化を図り、いずれ社会におけるデファクトスタンダードとなっていくと確信しています。

※https://liginc.co.jp/company/message/the2014より引用

これはウェブ制作会社LIGが「IT企業にありがちな抽象的でわかりにくい文章」を茶化したギャグとして、発表したものです。しかし、**ソーシャルメディア上では真に受ける人が続出し、バズになりました。**ビジネス文章は抽象的で読みくいと誰もが思っていることの表れでしょう。

「カタカナ用語」は、「修飾語」と並んでビジネスの大敵です。グローバル化やIT化の潮流に乗っていることを過度にアピールしようとすると、カタカナ用語が連発された文章になります。

では、どう書いていけばいいのか？　解説してゆきます。

今、IT業界は革命の時代に突入しています。2000年初頭に起こったパラダイムシフトにより様々なキャズムが取り払われ、各社のコアコンピタンスがコモディティ化された結果、先の見えない不況が我々の眼前に覆いかぶさってきています。

この文章の目的は「前提の共有」です。自社のウェブサイトで見に来た人に対して「あなたが分かっていることは、私たちも知っています。だから、話を聞いてくださいね」と、前置きをしているのですね。

「あなたの分かっていることは、私たちも分かっていますよ」と念押しするあまり、「前提の共有」が延々と長くなるのは、よくあるミスです。前提の共有をして、それで終わってしまうプレゼンも、しばしば見かけます。しかし、本当に大切なのは、前提を共有した上で「自分はどう思うのか、何ができるのか」を伝えることです。

「前提の共有」は最小限度に留めるよう、意識しましょう。特に競合プレゼンテーションで、自社の順番が後半だった場合は要注意です。他社がすでに話したことを延々と繰り返し、聞き手をウンザリさせてしまう可能性があります。

LIGは自社の強みでもあるファクトベースにおけるブルーオーシャン戦略、いわゆるボトルネックを排除したベネフ

ィット創出事業にフルコミットする事で、安定的な成長を
続けています。

今では誰もがSNSを利用しています。我々のアセットでも
あるナレッジ化されたコンテンツ・マーケティング戦略は、
更にドライブさせる事で世の中に多様なインパクトを与え
られると信じています。さらに社員ひとりひとりがポリバ
レントプレーヤーとして活躍する事により確立されたリス
クヘッジメソッドは、他業種とのアライアンスを積極的に
結ぶ事で効率化を図り、いずれ社会におけるデファクトス
タンダードとなっていくと確信しています。

　ここで伝えようとしているのは「LIGに何ができるか」であ
り、メインテーマです。しかし、やはり抽象的過ぎて何がなん
だか分かりません。比較として、LIGがギャグではなく本当の
サービス紹介として掲載した文を読んでみましょう。

自社のノウハウを生かした
コンテンツマーケティング支援

月間250万人が訪れるオウンドメディア「LIGブログ」の運
営によって培われたコンテンツ企画や情報発信ノウハウを
活かし、クライアントの「コンテンツマーケティング支援」
をおこなっています。なかには、コンバージョン350件や
SNSシェア6,000件以上を獲得したコンテンツ制作実績も。
あらゆる切り口で企画をたて、貴社のマーケティング活動
の武器となるコンテンツを生み出します。

　ネタの文章とは違い、すべてが具体的です。自社のサービス内容は「コンテンツマーケティング支援」と明記。「月間250万人」「コンバージョン350件」「SNSシェア6,000件以上」と、数字が並びます。抽象的なのは見出し文「自社のノウハウを生かしたコンテンツマーケティング支援」だけです。

　このように「抽象＝見出し」「具体＝本文」という構成にすると、文章が分かりやすくなります。

まとめ
SUMMARY

抽象論禁止

- 修飾語禁止
- カタカナ語禁止
- 具体的なことだけ書こう
- 「前提の共有」は最小限度に
- 「抽象＝見出し」「具体＝本文」

【 言葉ダイエット その4 ／
繰り返し禁止 】

　文章を書いていると「木を見て森を見ず」になることが、よくあります。1文で完結して意味が分かるように書くと、全体

を通して読んだときに不自然になりがちなのです。例として、
次の文章を読んでみてください。

ニース・クリエイティブ・フェスティバルは、フランスの
ニースにて毎年開かれている、世界最大のクリエイティブ
のフェスティバルのことです。ニース・クリエイティブ・
フェスティバルは、ビジネスの未来の問題についてのパネ
ル・ディスカッションや、最新のテクノロジーが取り入れ
られた最新クリエイティブ事例紹介などを通して、ビジネ
スの未来について学び、考えることができます。ニース・
クリエイティブ・フェスティバルは、クリエイティブ業界
の人が中心のフェスティバルですが、近年はITや金融など
の業界からも、ビジネスの未来につながるヒントがないの
かを探しに訪れる人が増えているようです。

わずか281文字の中に「ニース・クリエイティブ・フェステ
ィバル」が3回、「ビジネスの未来」が3回も出てきます。この
ようなムダな繰り返しを減らして、文章をダイエットしてみま
しょう。

BEFORE | ダイエット前

ニース・クリエイティブ・フェスティバルは、フランスの
ニースにて毎年開かれている、世界最大のクリエイティブ
のフェスティバルのことです。

> **AFTER** | ダイエット後
>
> ニース・クリエイティブ・フェスティバルは、**その名の通り**、仏ニースで毎年開かれる世界最大のクリエイティブの**祭典**です。

「フェスティバル」の繰り返しを防ぐため、後半は「祭典」と言い換えています。同じ言葉を何回も使うと、幼稚な印象になるので注意してください。

> **BEFORE** | ダイエット前
>
> ニース・クリエイティブ・フェスティバルは、ビジネスの未来の問題についてのパネル・ディスカッションや、最新のテクノロジーが取り入れられた最新クリエイティブ事例紹介などを通して、ビジネスの未来について学び、考えることができます。

> **AFTER** | ダイエット後
>
> ニース・クリエイティブ・フェスティバルは、ビジネスの未来の問題についてのパネル・ディスカッションや最新テクノロジーを取り入れた事例紹介などを通して、ビジネスの未来について学べます。

　ひとつ前の文章から、主語が「ニース・クリエイティブ・フェスティバル」なのは明らかなので削除しました。「ビジネスの未来」「最新」「クリエイティブ」の繰り返しを削除し、合わせて

文章を再構成しています。「学び、考えることができます」は、似た内容の繰り返しなので、「学べます」としました。

　主語を省略できることは日本語の特徴のひとつです。前後の文脈から主語があきらかな場合は、思い切って省略してみましょう。日本語らしいテンポのある文章にすることができます。

> **BEFORE** ｜ ダイエット前
>
> **ニース・クリエイティブ・フェスティバル**は、クリエイティブ業界の人が中心のフェスティバルですが、近年はITや金融などの**業界**からも、**ビジネスの未来**につながるヒントがないのかを探しに訪れる人が増えているようです。

> **AFTER** ｜ ダイエット後
>
> クリエイティブ中心のフェスティバルですが、近年はITや金融からの参観者も増えています。

　これまで同様、「ニース・クリエイティブ・フェスティバル」「業界」と「ビジネスの未来」を削除。「ヒントがないのかを探しに訪れる」も、内容が抽象的なので削除しました。比べると、**削除してもまったく困らないことが分かりますね。**

> **AFTER** ｜ ダイエット後　**全文**
>
> ニース・クリエイティブ・フェスティバルは、その名の通り、仏ニースで毎年開かれる世界最大のクリエイティブの

祭典です。パネル・ディスカッションや最新テクノロジーを取り入れた事例紹介などを通して、ビジネスの未来について学べます。クリエイティブ業界中心のフェスティバルですが、近年はITや金融からの参観者も増えています。

281文字から156文字にダイエットできました！

▶▶ 重言に気をつけろ！

ビジネスパーソンが文章を書くときに、もっともやりがちな文法的な誤りが「重言」です。たとえば、

違和感を感じる
顧客体験の体験価値
衝撃的なインパクト
記念品としてプレゼントを用意

…といった表現です。ビジネスによくある、もったいぶって遠回しな言い回しは、しばしば重言になります。気をつけましょう。

> **まとめ**
> ――――
> **SUMMARY**　**繰り返し禁止**
>
> - 主語は省略しよう
> - 同じ言葉は、言い換えよう
> - 重言に注意

｜ 言葉ダイエット その5 ／
ムダな敬語禁止

「させていただきました」という表現を、最近やたらと見かけるようになりました。

「担当させていただいた商品で、社長賞を受賞させていただきました！」

「提案させていただいた企画について、ご相談させていただければ幸いです」

「私事ではありますが、かねてよりお付き合いさせていただいていたお笑い芸人の山田太郎さんと入籍させていただいたことを、ご報告させていただきます」

…といった感じです。

038

させていただきました症候群の背後にあるのは、「主張はしたいけど、嫌われたくない」という心理です。たとえばイヤなことを伝えなくてはいけないとき。少しでも衝撃をやわらげようと敬語を重ねに重ね、むしろ相手をイラつかせてしまった経験はないでしょうか。

　ここで例文を見てみましょう。
あなたが提案した企画を、クライアントの現場担当は大絶賛。ぜひやろう！　と盛り上がったものの、数日後、重い雰囲気のメールが届いた

…というシチュエーションを想定してください。

> From：山田山雄
> To：海口海彦
> 件名：先日ご提案いただいた案件のお戻しにつきまして
>
> 先日ご提案いただいた企画について、正式にお戻しの方をさせていただきたいと思います。その後、企画を社長に上げたところ、方向性や考え方は概ね問題ないものの、企画内容につきましてあらためてご検討・ご相談させていただきたいと考えております。社長からの指示につき、基本的には、社長の意見に、私ども現場としても同じ方向を向かうことを考えさせていただいておりますが、私ども現場としても、この企画にこだわりを持っておりましたので、修正をご提案いただく際に、修正後の説明も、社長からのネ

> ガティブがありながらも、いつも通りポジティブな 方向で、
> 丁寧にご対応いただけると助かります。

まったく意味がわかりませんね。ちなみにこの例文は、僕が実際に受け取ったメールをもとにしてつくっています（笑）。何回か読むと「現場がOKを出した企画に、社長がNGを出した」という意味であることが分かります。伝えにくい内容を、失礼がないように遠回しに表現する。一見、紳士的な態度に思えますが、ちがいます。**こういう人は仕事より自分が嫌われないことを優先しているのです。トラブルのときこそ単刀直入にいきましょう。**

BEFORE | ダイエット前

❶ 先日ご提案いただいた企画について、正式にお戻しの方をさせていただきたいと思います。

❷ その後、企画を社長に上げたところ、方向性は概ね問題ないものの、企画内容につきましてあらためてご検討・ご相談させていただきたいと考えております。

AFTER | ダイエット後

誠に申し訳ありません。先日OKを出した企画に、社長からNGが出てしまいました。

---

❶ は伝えにくい本題を切り出す前の、クッションとして入れられた文章です。気持ちは分かりますが、長過ぎるので削除し

ました。「誠に申し訳ありません」と一言、シンプルに謝罪した方が分かりやすく、真摯さが伝わります。

❷は社長からNGが出たことを、遠回しに表現した文章です。伝えにくいことをぼかすために「ご相談させてください」という表現を使う人が増えました。読み手に誤解を与え、仕事上の事故を招きかねない危険な表現です。交渉の余地なくNGの判断が出たのであれば、ご相談などと誤魔化さず、ハッキリと書きましょう。

> **BEFORE** | ダイエット前
>
> ❸社長からの指示につき、基本的には、社長の意見に、私ども現場としても同じ方向を向かうことを考えさせていただいておりますが、私ども現場としても、この企画にこだわりを持っておりましたので、
> ❹修正をご提案いただく際に、修正後の説明も、社長からのネガティブがありながらも、いつも通りポジティブな方向で、丁寧にご対応いただけると助かります。

> **AFTER** | ダイエット後
>
> 恐縮ですが、再提案をいただけないでしょうか。

❸は「社長からのNGを、現場としては不本意に思っている」ことを伝えています。厳しい書き方をすれば、自分の面子を保つために入れている文章です。「恐縮ですが」という潔い表現に

短縮しました。❹は遠回しな再提案依頼なので、単刀直入に書き換えました。

　最後に件名を見てみましょう。

件名：先日ご提案いただいた案件のお戻しにつきまして

長過ぎですね。スマホで見る場合を考えて、件名は可能な限り短くしましょう。(読みやすいメールの書き方については、次章で詳しく説明します)

　以上、まとめます。

AFTER ダイエット後 **全文**

From：山田山雄
To：海口海彦
件名：先日のご提案について

誠に申し訳ありません。先日OKを出した企画に、社長からNGが出てしまいました。恐縮ですが、再提案をいただけないでしょうか。

　279文字から、61文字へ。大幅なダイエットに成功しました。相手に申し訳ない想いを伝える表現は「誠に申し訳ありません」「恐縮ですが」の2つのみ。これくらいで充分に伝わります。後はNGの理由と今後について丁寧に説明すれば、相手の気分

を害することもないはずです。

　慇懃無礼という言葉通り、あまりに丁寧過ぎると、かえって感じが悪くなります。**伝えにくい内容こそ、短く読みやすい文章にすることが、相手への礼儀です。**

　現場のOKを上がひっくり返した。そんなのは、ビジネスではよくあることです。カッコつけずありのままをさらした方が、早期解決につながります。そのためにも、普段から気を使いすぎない関係を築くことが大切です。

まとめ SUMMARY	ムダな敬語禁止

- 自分が嫌われないことより、トラブル解決を優先する
- 丁寧すぎる文章は、かえって印象が悪くなる
- 伝えにくい内容こそ、単刀直入に

【 言葉ダイエット その6／
表記を統一しよう 】

　僕が働いている広告業界は、CMやコピーなどカタチのないものをつくっています。その性質上、**同じ言葉でも人によって解釈が異なり、混乱を招くことがしばしばあります。**

たとえばクライアントから「コピー」の開発依頼があったとき。僕たちが「キャッチフレーズ」を提案したら、求められていたのは「ボディコピー」だった。…というようなトラブルは、よくあります。

さらに、**本人でさえ書いている単語の意味を分かっていない場合が多々あります**。たとえば、次のような文章です。見ていきましょう。

> **EXAMPLE　例文**
>
> アイデアやコンセプトを思いつくのが苦手、という悩みを持つビジネスマンが増えています。そういう場合は、ひとりで悩まず、ブレイン・ストーミングを開催しましょう。会議で大切なのは、人の思いつきを否定しないことです。また、多数決で選ぶと、無難な企画しか選ばれません。まずは自由な発想で、コンセプトを広げましょう。その後、いま必要なアイデアを絞り込みます。

この文章の問題点は「アイデア」「コンセプト」「思いつき」「企画」と、ちがう単語で同じ内容を指していることです。結果、何の話をしたいのか、今ひとつぼんやりしています。**書きはじめる前に、文章のテーマについて正確に理解していなくてはいけないのです**。その上で、同じ内容には必ず同じ言葉を使ってください。**表記を統一するのです**。

知り合い同士だと、曖昧なやり取りでも「あうんの呼吸」で何とかなってしまうこともあります。しかし、その状態が長く続けば続くほど、認識のズレがひろがります。あなたと相手で、「アイデア」という単語が指すものは同じとは限りません。**僕の場合、仕事を始めるタイミングで、関係者全員で単語の解釈を統一するようにしています。**

　ここでは例文を、「アイデア」についての文章として修正していきます。

> **BEFORE** | ダイエット前
>
> アイデアやコンセプトを思いつくのが苦手、という悩みを持つビジネスマンが増えています。

> **AFTER** | ダイエット後
>
> アイデアを思いつくのが苦手、という悩みを持つビジネスパーソンが増えています。

「コンセプト」を削除し、「アイデア」に変更。また、ビジネス「マン」という言い方は時代に合わなくなっています。「パーソン」に変更しましょう。

> **BEFORE** | ダイエット前
>
> そういう場合は、ひとりで悩まず、ブレイン・ストーミングを開催しましょう。会議で大切なのは、人の思いつきを

否定しないことです。

そういう場合は、ひとりで悩まず、ブレイン・ストーミングを開催しましょう。ブレストで大切なのは、人のアイデアを否定しないことです。

「会議」を「ブレイン・ストーミング」に、「思いつき」を「アイデア」に変更しました。

また、多数決で選ぶと、無難な企画しか選ばれません。まずは自由な発想で、コンセプトを広げましょう。その後、いま必要なアイデアを絞り込みます。

また、多数決で選ぶと、無難なものしか残りません。まずは自由に発想を広げましょう。その後、いま必要なアイデアを絞り込みます。

「企画」は「アイデア」に統一するべきなのですが、前後の文章でも「アイデア」と書いてあるので、「もの」に修正。同じ単語の繰り返しを避けました。「コンセプト」もアイデアと混同されがちな言葉なので、削除しました。

アイデアを思いつくのが苦手、という悩みを持つビジネスパーソンが増えています。そういう場合は、ひとりで悩まず、ブレイン・ストーミングを開催しましょう。ブレストで大切なのは、人のアイデアを否定しないことです。また、多数決で選ぶと、無難なものしか残りません。まずは自由に発想を広げましょう。その後、いま必要なアイデアを絞り込みます。

173文字から163文字にダイエット成功です。「アイデア」がテーマの文章であることが明確になりました。

表記がぶれるのは、分かったようで分かっていないテーマについて書くときです。**まずはテーマが何なのかを明確にしましょう。**

下記に表記がぶれがちな単語をリスト化しました。これらについて文章を書く時は、充分、注意してください。

分かってないのに分かったつもりになりがちな単語30選

1.　アイデア
2.　イノベーション
3.　インサイト
4.　エクスペリエンス
5.　エグゼキューション

6.　考え方

7.　企画

8.　キャッチフレーズ

9.　気づき

10.　コンセプト

11.　人工知能

12.　ステートメント

13.　ストーリー

14.　ストーリー・テリング

15.　ストラテジー

16.　スローガン

17.　戦略

18.　タグライン

19.　ディスラプション

20.　ディープ・ラーニング

21.　デザイン

22.　デザイン思考

23.　デジタルトランスフォーメーション

24.　発見

25.　ビジョン

26.　深掘り

27.　ブランド

28.　本質

29.　学び

30.　ミッション

> **まとめ**
> **SUMMARY**　表記を統一しよう
>
> ● 同じ内容には、同じ単語を使う
> ● 単語の意味を理解してから書く

言葉ダイエット その7／
こそあど＆接続語の連発禁止

「そのアイデアを、このプレゼンテーションで…」

「このデータを、このメソッドで解析することで…」

「そのため、このような事例が…」

…のような文章を、書いたことがあるのではないでしょうか。
「その」「この」の連発は、読み手に幼稚な印象を与えます。た
とえば、次のような文章です。

EXAMPLE　例文

企業にとってブランディングは重要な意味を持ちます。し
かし、社会の変化により、このブランディングの意味する
ところは大きく変化したのです。どういうことかと言うと、
企業の広告などのコミュニケーションだけではなく、その
企業の行動そのものが、そのブランドを作るようになって

きているのです。

この新しいブランディングの考え方を、世界の大手ブランドは実践しはじめています。それはこれからの日本企業のブランドを、どのように変えていくのかが注目されています。

　文章を書いていると、文と文がつながっているか不安になります。今書いている文は、前の文を受けられているだろうか？ 次の文につながるだろうか？ **不安な気持ちがふくれあがった結果起きるのが、こそあど言葉など接続語の多用です。**ダイエットしていきましょう。

BEFORE | ダイエット前

❶企業にとってブランディングは重要な意味を持ちます。

❷しかし、社会の変化により、このブランディングの意味するところは大きく変化したのです。

AFTER | ダイエット後

社会に合わせて、ブランドのあり方が変化しています。

---

　❶は先述した「前提の共有」です。ここまで自明なことを書く必要はないので削除します。❶が無くなったことにより、❷から「しかし」「この」を削除できました。「変化」が２回繰り返されるのも修正しています。あわせて「ブランディング」「ブランド」の表記ゆれを「ブランド」に統一しました。

CHAPTER 2

BEFORE | ダイエット前

どういうことと言うと、企業の広告などのコミュニケーションだけではなく、**その企業の行動そのものが**、**その**ブランドを作るようになってきているのです。

AFTER | ダイエット後

広告などのコミュニケーションだけではなく、企業の行動自体が、ブランドを作るようになってきているのです。

「どういうことかと言うと」は無くても前の文を受けられるので削除。「その」の繰り返しも削除しました。

BEFORE | ダイエット前

❶この新しいブランディングの考え方を、世界の大手ブランドは実践しはじめています。
❷それはこれからの日本企業のブランドを、どのように変えていくのかが注目されています。

AFTER | ダイエット後

世界の大手ブランドを見ると、すでに成功事例が多数あります。この潮流が日本のブランドに及ぼす影響に注目しましょう。

❶「この新しいブランディングの考え方を」は、文章の流れから自明なので削除。「実践しはじめています」は抽象的なので、

「成功事例が多数あります」という具体的な表現にあらためました。このほうが続きを読みたい気持ちになりますよね。❷「それは」「これからの」「どのように」を削除した上で、全体を縮めました。

AFTER | ダイエット後 | **全文**

社会に合わせて、ブランドのあり方が変化しています。広告などのコミュニケーションだけではなく、企業の行動自体が、ブランドを作るようになってきているのです。世界の大手ブランドを見ると、すでに成功事例が多数あります。この潮流が日本のブランドに及ぼす影響に注目しましょう。

219文字から132文字にダイエットできました。

ここで、接続語を減らすためのテクニックを紹介します。

▶▶「体言止め」を使いこなそう

文末に名詞を持ってくることを「体言止め」と言います。たとえば、下記のような文章です。

私たちの生活に大きな影響を及ぼしているデジタル化。

化石燃料に代わるものとして期待されている自然エネルギー。

ビジネスでも不可欠となったダイバーシティの考え方。

　体言止めをうまく使うと、接続語を使わずに文をつなげることが可能です。次の例を見てください。

> **EXAMPLE** | 体言止めなし　**例文**
>
> 電気自動車は、ガソリン自動車に代わるものとして注目されています。そこでは、バッテリーの大量生産が課題とされています。

> **AFTER** | 体言止めあり　**例文**
>
> ガソリン自動車に代わるものとして注目されている電気自動車。課題とされているのが、バッテリーの大量生産です。

「そこでは」を省略し、文末が「ます」に揃うのを修正できました。

　体言止めを使うと、ややカジュアルながら、リズミカルで読みやすい文章になります。ぜひ試してみてください。

まとめ
SUMMARY　　こそあど&接続語の連発禁止

- 「その」「この」には特に注意しよう
- 体言止めを使いこなそう

Tips

ここまで紹介し切れなかった細かいスキルをまとめます。

▶▶ 読点「、」の打ち方

　読点の打ち方に明確なルールはありません。しかし、少なければ少ないほど良いと思ってください。「一文一意」「こそあど＆接続語の連発禁止」「1文は40〜60文字以内」など、**これまで書いてきたことを守っていれば、必然的に読点が少ない文章になるはずです**。読点をたくさん打つ必要を感じたら、まず文章そのものを見直してください。

> **BEFORE** ｜ ダイエット前
>
> ユーザーとエンゲージメントを深めたいと思っているクライアントは多いが、まず重視するべきなのは、エンゲージメントより、インプレッションだ。

> **AFTER** ｜ ダイエット後
>
> ユーザーとエンゲージメントを深めたいと思っているクライアントは多い。しかし、まず重視するべきなのはインプレッションだ。

「一文一意」を守ることにより読点を3個から1個に減らせました。

▶▶ 記号をそろえる

「」、『』、""など、記号の使い方がいい加減な文章は、読んでいて気持ち悪いものです。

BEFORE | ダイエット前

清涼飲料「モンスター・サイダー」の新キャンペーンを担当したのは"ラボ・グループ"だ。ラボ・グループは『デジタル・イノベーション』を標榜する、気鋭のクリエイティブ集団として注目されている。

AFTER | ダイエット後

清涼飲料『モンスター・サイダー』の新キャンペーンを担当したのは「ラボ・グループ」だ。ラボ・グループはデジタル・イノベーションを標榜する、気鋭のクリエイティブ集団として注目されている。

商品名は『』、他の固有名詞は「」、それ以外の名詞には極力使わないというルールで書き直しました。これはあくまで一例です。あなたの好みや仕事の雰囲気にあわせるのがいいでしょう。**大切なのは事前に決めておくことです。**

▶▶ 文末はそろえない

同じ文末が続くとリズム感がなく単調になります。

BEFORE | ダイエット前

学生時代はイギリス留学を経験しました。肌の色や言葉が
違っても分かりあえることを学びました。

AFTER | ダイエット後

学生時代はイギリス留学を経験しました。そこで学んだの
は、肌の色や言葉が違っても分かりあえることです。

1文目の文末が「ました」なので、2文目を「です」に変更し
ました。洗練された雰囲気になりましたね。

▶▶ 迷ったら新聞社のサイトでチェック

「かぎ括弧の中に、句点は必要?」

「かぎ括弧の中で括弧を使うのはアリ?」

などなど文章を書いていると細かいことで不安になりがちです。
そんな時は、新聞社のウェブサイトをチェックしましょう。

たとえば、かぎ括弧の中に句点が必要か不要かを知りたいときは、新聞社のインタビュー記事をチェックします。

米朝実務者協議「再開目指す」米国務長官
北朝鮮が25日に２発の短距離ミサイルを発射したことをめぐり、ポンペオ米国務長官は米国時間の25日、米ブルームバーグテレビのインタビューで「我々は外交的手段を前に進め、交渉による解決を目指すことを今でも確信している」と述べ、米側としては米朝実務者協議の再開を目指す方針に変わりはないことを明らかにした。

（2019年7月26日 朝日新聞デジタル）

「再開目指す」「交渉による解決を目指すことを今でも確信している」とあることから、かぎ括弧内に句点は不要と分かります。

新聞の文章は校閲者により、文法的な誤りがないか厳密にチェックされます。利用しない手はありません。**記号の使い方に限らず、文章の書き方に迷ったときは参考にしましょう。**

プロの記者が書き、プロの校閲者がチェックした文章は、ソーシャルメディアやブログの投稿と比べて、クオリティは圧倒的です。日頃から目を通しておくことをオススメします。

第2章まとめ

「相手は自分の文章を読みたくない」という前提で、次の7つのことに気をつけて、書くようにしましょう。

❶ ひとつの文には、ひとつの内容だけを書く

❷ 1文は40〜60文字以内

❸ 抽象論禁止

　修飾語、カタカナ用語は最小限に

❹ 繰り返し禁止

　重言には特に注意

❺ ムダな敬語禁止

　嫌われないことより、読みやすいことを優先しよう

❻ 表記を統一しよう

　同じ内容には、同じ単語を使う

❼ こそあど＆接続語の連発禁止

　体言止めを使って、うまく文章をつなげよう

第3章

言葉ダイエットを、
実際にやってみよう

言葉ダイエットを、
実際にやってみよう

　本章では、第2章で紹介した言葉ダイエットのスキルを使って、ビジネス文章を書く方法を紹介します。とりあげる文章の種類は3つです。すぐビジネスに役立てられるように、誰もが毎日読んだり書いたりしている文章を選びました。順番に読んでもいいですし、あなたが今、必要な部分からチェックしてもかまいません。

❶メール
連絡の文章を読みやすく書く方法を解説します。

❷企画書
プレゼンや報告書など、まとまった量の文章を書く場合はこちらです。

❸エントリーシート
就職や転職活動での、自己紹介の書き方を解説します。

　各項目では、これまで同様「ダメなビジネス文章」の典型例を紹介します。ぜひダイエット前後の文章を読み比べてみてください。「読みやすさ」とは何なのかが理解できると思います。

❶読みやすいメールとは

　大量に来る。すぐ溜まる。何がどこにあるか分からなくなる。**メールの処理は全ビジネスパーソンが抱える悩みでしょう**。最近はメールではなく、SlackやTeamsといったチャットツールに作業環境を変えるケースも増えました。僕自身、チャットツール派です。

　しかし、メールでのやり取りが消滅することは無いでしょう。SlackのCTO、カル・ヘンダーソン氏は「**メールはゴキブリのようなもの。みんな嫌いだが消えるものではない**」※とコメントしています。なかなかうまいことを言いますね（笑）。

　※出典：「BUSINESS INSIDER JAPAN 2017年11月20日」

　ここでは、メールのストレスを少しでも減らすための書き方を紹介したいと思います。

　まずは、読みにくいビジネスメールの例を見てみましょう。

（すべて仮名）

EXAMPLE　例文

件名：昨日お送りさせていただいたお打ち合わせの
議事録につきまして訂正させていただきます。

イノベーションアドバタイジング　高田様

お世話になっております。
デリシャス・フーズの桜庭です。

大変申し訳ないのですが、先にお送りしたお打ち合わせの議事録に漏れがありましたので、添付にてお送りさせていただきます。先のメールと合わせてご確認いただけると幸いです。

次回お打ち合わせの日程についても、弊社の参加者の空いている日時を添付に記載しておりますので、調整した後ご連絡いただければ幸いです。

また、お打ち合わせ時は、A案を採用すると決定させていただきましたが、その後、弊社田村よりキャッチフレーズについてはB案のものにしたいとの意向がありましたので、ご相談させていただければ幸いです。

よろしくご査収のほど、お願い申し上げます。

添付：イノベーションアドバタイジング高田様宛_令和元年12月18日議事録_桜庭追記.doc

　こんなものを毎日、大量に送りつけられたら、それだけで気が滅入ってしまいますよね。一読して印象に残るのは第2章でふれた「ムダ敬語」の多用です。しかし、それ以上に根深い問

題があります。

このメールの目的は、別のメールで送られた議事録の不足分を埋めることです。つまり、2つのメールを照らし合わせないと意味をなしません。忙しいビジネスパーソンにとって大変なストレスです。

つまり「読みにくいメール」とは、「情報が別のメールや添付に散っているメール」のことなのです。

メール解説本の多くは、正しい敬語や気の利いた言い回しなど、文章のノウハウの紹介に終始しています。**しかし、どんなに正確で丁寧な敬語で書かれていても、情報が探しにくかったら何の意味もありません。**

▶▶ メールの読みやすさは「構造」で決まる

本題に入りましょう。ビジネスのメールは、次の構造で書くようにしてください。

❶メール単体で完結させる

ビジネスパーソンは日々、いろいろな人からいろいろなメールを受け取ります。**あなたの送ったメールも、すぐ他のメール**

の海に埋没し、見つけられなくなります。複数のメールの内容が散っていたら、読む気にならないですよね。**一通のメールに必要な全情報が書かれていることが大切です。**

❷短期情報は「本文」に、
長期情報は「添付ファイル」に記載する

「短期情報」とは、1回読めば不要になる情報のことです。「長期情報」は保存して何回も参照する情報のことです。

　たとえば「次回打ち合わせの時間」は、スケジューラーに入力すれば不要になる「**短期情報**」です。一方「全体スケジュール」は、プロジェクトが終わるまで見返すことになる「**長期情報**」です。

　メール本文はすぐ流されるので「短期情報」の記載に、添付ファイルはダウンロードして保存するので「長期情報」の記載に、それぞれ適しています。**本文と添付ファイル、双方の特徴を利用して、情報を書き分ければいいのです。**

　例文メールの内容を「短期情報」「長期情報」に分けると、次のようになります。

> **短期情報：議事録の更新告知**
> 大変申し訳ないのですが、先にお送りしたお打ち合わせの

議事録に漏れがありましたので、添付にてお送りさせていただきます。先のメールと合わせてご確認いただけると幸いです。

短期情報：日程調整
次回お打ち合わせの日程についても、弊社の参加者の空いている日時を添付に記載しておりますので、調整した後ご連絡いただければ幸いです。

長期情報：議事録本体
添付：イノベーションアドバタイジング高田様宛_令和元年12月18日議事録_桜庭追記.doc

長期情報：議事録への補足
また、お打ち合わせ時は、A案を採用すると決定させていただきましたが、その後、弊社田村よりキャッチフレーズについてはB案のものにしたいとの意向がありましたので、ご相談させていただければ幸いです。

　こうして見ると、メール本文に書くべき「日程調整」が、添付ファイルに記載されていることが分かります。また、添付ファイルに記載するべき「議事録への補足」が、本文にだけ書かれています。後ほど修正しましょう。

　他にも問題点があるので、チェックを続けます。

▶▶ 件名や添付ファイル名は短く！

　件名や添付ファイルにまで敬語や丁寧語を使用する人がいます。これらは「文章」ではなく「情報」です。情報は情報として、端的に書くべきです。あらためて件名を見てみましょう。

> 件名：昨日お送りさせていただいたお打ち合わせの
> 議事録につきまして訂正させていただきます。

　これだけ長いとスマホでは途中までしか表示されません。件名はメールの内容が瞬時に分かるよう、短く書くのが鉄則です。

　「昨日」という書き出しも問題です。メールを送られた相手が、すぐに読むとは限りません。「昨日」「本日」「来週」ではなく、「○月○日」と具体的に書きましょう。

BEFORE | ダイエット前

> 件名：昨日お送りさせていただいたお打ち合わせの
> 議事録につきまして訂正させていただきます。

AFTER | ダイエット後

> 件名：12月18日の議事録の修正について

　続けて添付ファイル名です。

添付：イノベーションアドバタイジング高田様宛_令和元年12月18日議事録_桜庭追記.doc

添付：議事録_20191218.doc

もう少し詳しく書きたい時は、

添付：I社_議事録_20191218_桜庭rev.doc

…としてもいいでしょう。**クライアント名を頭文字にする等、略語をうまく使うとファイル名は分かりやすくなります。**

　僕の子ども達が通う小学校では、先生からの連絡事項を「れんらく帳」にメモして、親に見せます。たとえば「宿題 算数プリント3枚」であれば、れんらく帳に「(し)さんプ3」と書くのです。漢字や長文を書けない子ども達のために考えられた、優れたアイデアです。大人もマネしたいですね。

▶▶ 重要な情報は前半に記載する

　メールを送った相手が落ち着いて読める環境にいるとは限りません。通勤電車に揺られながら、スマホで慌ただしく斜め読

みしている場合もあるでしょう。**読み飛ばされたくない情報は、集中力が落ちる後半ではなく、前半に書くべきです。**

　例文メールを見てみると、

> また、お打ち合わせ時は、A案を採用すると決定させていただきましたが、その後、弊社田村よりキャッチフレーズについてはB案のものにしたいとの意向がありましたので、ご相談させていただければ幸いです。

…という重要情報が最後に掲載されています。後ほど修正しましょう。

▶▶ こまめに改行する

　通常、文章は段落の区切りまで改行しません。しかし、メールで同じことをやると読みにくく感じます。こまめに改行しつつ、内容が変わったら段落を変えるようにしましょう。

　以上の点をふまえて、例文メールをダイエットします。

件名：昨日お送りさせていただいたお打ち合わせの
議事録につきまして訂正させていただきます。

イノベーションアドバタイジング　高田様

お世話になっております。
デリシャス・フーズの桜庭です。

大変申し訳ないのですが、先にお送りしたお打ち合わせの
議事録に漏れがありましたので、添付にてお送りさせてい
ただきます。先のメールと合わせてご確認いただけると幸
いです。

次回お打ち合わせの日程についても、弊社の参加者の空い
ている日時を添付に記載しておりますので、調整した後ご
連絡いただければ幸いです。

また、お打ち合わせ時は、A案を採用すると決定させてい
ただきましたが、その後、弊社田村よりキャッチフレーズ
についてはB案のものにしたいとの意向がありましたので、
ご相談させていただければ幸いです。

よろしくご査収のほど、お願い申し上げます。

添付：イノベーションアドバタイジング高田様宛_令和元年12月18日議事録_桜庭追記.doc

AFTER | ダイエット後

件名：12月18日の議事録の修正について

イノベーションアドバタイジング　高田様

デリシャス・フーズの桜庭です。

大変申し訳ありません。
先にお送りした議事録に漏れがありました。
添付にて全文を再送付いたします。
先のメールは削除していただければ幸いです。
（赤字が追記箇所です）。

打ち合わせからの変更点として、
キャッチフレーズはA案ではなく、
B案を採用したいと考えております。
詳細は添付をご確認ください。

次回打ち合わせですが、
弊社は3月9日13時〜16時が空いております。
高田様の都合をお聞かせいただけると助かります。

よろしくご査収のほど、お願い申し上げます。

添付：議事録_20191218.doc

309文字から253文字にダイエットできました。

最後に、文章以外について補足します。

▶▶ 宛先を追加／削除するときは必ず明記

　一言の断りもなく、いきなりCCに新しい宛先を追加する人が、たまにいます。情報漏えいにつながりかねないので、必ず追加したことを明記しましょう。

▶▶ 正しい敬語より即レス

　特に忙しい人には、簡単な内容でいいので、即レスを心がけましょう。考える時間が必要な場合は、「後ほど返答します」とレスします。その方が丁寧語や敬語を重ねるより、ずっと信頼につながります。

　たまに返信を遅くすることで「忙しいアピール」をする人がいますが、嫌われるだけなので絶対止めましょう。

言葉ダイエットを、実際にやってみよう

量の面でも、頻度の面でも、ビジネスパーソンにとってもっとも身近な文章がメールです。ここで紹介した「構造」を参考にしつつ、受け手の立場になって書くようにしましょう。

▶▶ 言葉ダイエット「メール」練習問題

　この辺りで、実際に言葉ダイエットをやってみましょう。

　次ページのメールを、あなたなりの方法でダイエットしてみてください。その後、ダイエット後の文章を比べてみてください。ダイエット方法は人それぞれです。比べることで自分の文章のクセや長所、短所が明らかになってくると思います。

件名：初めてメールさせていただきます。出戸大学の
荒木と申します。

オムニ社　団さま

初めてメールさせていただきます。出戸大学の荒木と申します。

先日、出戸大学で団様が講演をされた際に、出席しておりました。団様の講演は非常に勉強になる本質的な内容で、今後の就職活動をするにあたり、参考にさせていただきたいと思っています。

私はオムニ社を志望させていただいております。セキュリティ・ビジネスに強みのある貴社の将来性に大きな可能性を感じています。私は大学でAIの研究をしており、貴社のビジネスに貢献させていただけると考えています。
つきましては、OB訪問をさせていただけますでしょうか。私は来週平日の午後以降が空いております。

何卒よろしくご検討のほど、お願い申し上げます。

件名：OB訪問のお願い　　　　　　　　　　✉

オムニ社　団さま

突然のメール失礼いたします。
出戸大学の荒木と申します。

先日、大学で団様が講演をされた際、出席しておりました。
素晴らしい講演を本当にありがとうございました。
お話を聞くまで、セキュリティ事業には
人間の直感や経験が不可欠だと思っていました。
テクノロジーを利用した貴社の実績に、衝撃を受けました。

もし差し支えなければ、OB訪問にてより詳しいお話を
聞かせていただけないでしょうか？
　（私、就職活動でも貴社を志望しており、
アドバイスをいただけると幸いです）

もしお時間をいただけるのであれば、
都合の良い日時をご教示いただければと思います。

お忙しいところ申し訳ありません。
よろしくご検討のほど、お願い申し上げます。

❷読みやすい企画書とは

　ふだんは分かりやすい言葉で話すのに、プレゼンテーションになると何を言いたいのか全然分からなくなる。そんな人をよく見かけます。**そう、第1章で説明した「書きすぎてしまう」問題がもっとも顕著に表れるのが、企画書などプレゼンの文章です。**

　プレゼンはビジネスパーソンにとって晴れ舞台です。たくさんのメールや電話、会議を乗りこえて、当日を迎えます。練習に耐え、試合にのぞむアスリートのような心境になるビジネスパーソンも多いでしょう。そんな意気込みが空回りすると、文字をびっしり詰め込んだ、専門書のような企画書が出来上がってしまいます。

　企画書がプレゼンでどう使われるのか、あらためて思い出してみましょう。プレゼンテーターは企画書を見せながら、内容を口頭で説明します。**つまり受け手は、トークと企画書の両方を、同時に理解する必要に迫られるのです。**文字びっしりの企画書を咀嚼する余裕はとてもありません。

　たとえば、こんな企画書があります。ある広告会社がファスト・フード店「ドリーム・バーガー」（もちろん仮の名前です！）にプレゼンしたものだと思って、読んでください。

実際の企画書では画像や記号を使いますが、本書では基本となる「文章」のみを取り上げます。**文章こそ企画書の骨組みです。**ここがしっかり出来ていれば、その後の作業もスムースになります。

EXAMPLE 例文	スライド1

本日のご提案

『効く』マーケティングをコアとして、
デジタルコミュニケーションによる「効く」を実現する、
最適なマーケティングをデザイン。

コモディティ化が深刻化した「ブランド」へ対し、
ストラテジー（戦略）をクリエーティブすることで、
解決へ導くソリューションをご提案します。

今の時代の生活者は、自分が食事するお店を、
自分の純粋な欲求ではなく、
スマホでレピュテーションを確かめてから選択します。

つまり、生活者とスマホで
多くの接点を持ったブランドが勝負を制するのです。

言葉ダイエットを、実際にやってみよう

本日、私たちがご提案する重要ポイント
「コアアイデア」は、
「検索されるブランドからの脱却」です。

激戦のバトルを勝ち抜くためには、
ターゲットが「今日は何を食べよう？」
とスマホで検索する前に、
「今日はドリーム・バーガーで食べよう」
と脳内で思い浮かべてもらうことが重要です。

そこで、お客さまのマインド・フローをデザインします。

検索する前に、デジタルアドで徹底的に
ターゲティングします。
ここを攻めることが重要です。

そうすると、食事何しよう！と思った時に
「ドリーム・バーガーに行こう」となり、
来店へつながります。

エグゼキューションは
「ドリーム・バーガーの肉ムービー」です。

「おいしい」「本格感」をストレートで差し込むシズル感
を最大化したドリーム・バーガーの旨いが凝縮された7
秒WEB動画を発信します。

「食事何しよう」と検索する前に、
デジタルアドで徹底的にターゲティングします。

ドリーム・バーガーのおいしさを
「視覚と聴覚」の五感へ差し込むクリエーティブを
綿密にディレクションすることが必要です。

まず1つ目、視覚へ差し込むことを計算した
「おいしい肉カット」。
そして、2つ目、聴覚へ差し込むお肉が焼ける
シズル音を活用した音。

この2つの点を押さえて動画をつくります。

言葉ダイエットを、実際にやってみよう

　さぁ、あなたならどう修正しますか?

　第2章で解説した言葉ダイエットのスキルを使って、試して
みてください。時間がなければ、思い浮かべるだけでも大丈夫
です。

　修正後がイメージできたら、ダイエット後の文章をチェック
しましょう。

本日のご提案

❶『効く』マーケティングをコアとして、
デジタルコミュニケーションによる「効く」を実現する、
最適なマーケティングをデザイン。

❷コモディティ化が深刻化した「ブランド」へ対し、
ストラテジー（戦略）をクリエーティブすることで、
解決へ導くソリューションをご提案します。

AFTER | ダイエット後   スライド1

本日のご提案

ドリーム・バーガーの課題は、
ブランドのコモディティ化。

ソリューションとしては
デジタル・コミュニケーションが有効と考えます。

言葉ダイエットのスキル「繰り返し禁止」「抽象論禁止」「表記の統一」を使用して、書き換えます。

❶は内容に具体性が無いので全文削除しました。❷はストラテジー、戦略、クリエーティブ、ソリューションと表記がぶれているので「ソリューション」に統一しました。「ストラテジー（戦略）」のように、似た意味の言葉をカッコで重ねるのは、よほど必要がない限りは避けましょう。

また、タイトルにあたる部分は、本文より表示を大きくします。

BEFORE | ダイエット前　　　　　　　　　　　スライド２

❶今の時代の生活者は、自分が食事するお店を、
自分の純粋な欲求ではなく、
スマホでレピュテーションを確かめてから選択します。

❷つまり、生活者とスマホで
多くの接点を持ったブランドが勝負を制するのです。

自分が行きたい店より、
みんなが話している店。❶

これが現代の生活者の視点です。❷
飲食店について、いつもスマホで検索しています。❸
生活者とスマホで多くの接点を持つことが
大切なのです。❹

　ダイエット前❶を分解した文章が、ダイエット後❶❷❸です。

　淡々と説明するだけではなく、ダイエット後❶のような「キャッチフレーズ」を入れると、企画書にメリハリがうまれます（キャッチフレーズの書き方は第4章で！）。

　もったいぶったビジネス文体のダイエット前❷を、平易な書き方にあらためたのがダイエット後❹です。

❶本日、私たちがご提案する重要ポイント
「コアアイデア」は、
「検索されるブランドからの脱却」です。

❷激戦のバトルを勝ち抜くためには、
ターゲットが「今日は何を食べよう？」
とスマホで検索する前に、
「今日はドリーム・バーガーで食べよう」
と脳内で思い浮かべてもらうことが重要です。

言葉ダイエットを、実際にやってみよう

目標
「検索されるブランドからの脱却」

お客さまが「今日は何を食べよう？」
と検索する前に、
「今日はドリーム・バーガーで食べよう」
と思い浮かべてもらいましょう。

❶「重要ポイント」なのか「コアアイデア」なのか、はっきりしません。実はどちらでもなく「目標」であることが、読み進めると分かります。読み手に覚えてもらいたい点なので、スライドのタイトルとして大きくしました。

❷「激戦のバトル」は重言です。「ターゲット」という言葉がありますが、次のスライドでは「お客さま」に変わっているので、後者に統一します。さらに86文字もあるので、短縮します。

BEFORE | ダイエット前 　　　　　　　　　　　　　スライド4

そこで、お客さまのマインド・フローをデザインします。

検索する前に、デジタルアドで徹底的に
ターゲティングします。
ここを攻めることが重要です。

そうすると、食事何しよう！と思った時に
「ドリーム・バーガーに行こう」となり、
来店へつながります。

戦略

生活者が検索する前に、
デジタルアドでターゲティング。

「食事、何にしよう」と思った瞬間に、
「ドリーム・バーガーに行こう」と呼びかけ、
来店へとつなげます。

ダイエット前の「そこで」「ここを」「そうすると」に注目してください。第2章で学んだとおり、接続詞の多用は幼稚な印象を与えます。修正が必要です。

その他、「抽象表現の削除」「体言止め」「タイトルの明記」等の修正を加えたのがダイエット後です。

言葉ダイエットを、実際にやってみよう

エグゼキューションは
「ドリーム・バーガーの肉ムービー」です。

「おいしい」「本格感」をストレートで差し込むシズル感
を最大化したドリーム・バーガーの旨いが凝縮された7
秒WEB動画を発信します。

「食事何しよう」と検索する前に、
デジタルアドで徹底的にターゲティングします。

アイデア
「ドリーム・バーガーの肉ムービー」

お肉のシズル感を7秒に凝縮したウェブムービーを、
お客さまのスマホに配信します。

アイデアが説明されている、もっとも大切な一枚であること
を、タイトルで明記しました。

「おいしい」「本格感」「旨い」といった抽象表現を削除し、シン
プルな「お肉のシズル感」という言葉にまとめています。**味覚
など五感についてふれる文章は、抽象表現の連発になりがちな
ので気をつけてください。**

| BEFORE｜ダイエット前 | スライド6 |

❶ ドリーム・バーガーのおいしさを
「視覚と聴覚」の五感へ差し込むクリエーティブを
綿密にディレクションすることが必要です。

❷ まず1つ目、視覚へ差し込むことを計算した
「おいしい肉カット」。
そして、2つ目、聴覚へ差し込むお肉が焼ける
シズル音を活用した音。

この2つの点を押さえて動画をつくります。

❶美しい赤身とあふれる肉汁を、
あますことなくとらえた映像。
それをさらに引き立てる、
お肉がジリジリと焼ける音。

ドリーム・バーガーのおいしさを
「視覚」と「聴覚」の両面から表現しましょう。

　ダイエット前❶クリエーティブなど、表現を説明する文章も抽象的になりがちなので注意しましょう。"「視覚と聴覚」の五感"は、間違いです。（正しく書けば"五感のうち、「視覚」と「聴覚」"）

　ダイエット前❷やはり抽象表現に終始しています。どんな映像と音を撮るのか、ダイエット後❶のように、具体的に「描写」することが必要です。

「説明」だけしかない企画書は味気ないものです。ときには「描写」することを意識してみましょう。

▶▶ 描写してみよう

コツは、映像が頭に浮かぶように書くことです。例を見てください。

> キャッチフレーズを書くときは、まずターゲットを決めます。

「説明」の文章です。ここに「描写」をプラスして、どんどん具体性を高めてゆきます。

> キャッチフレーズを書くときは、まずターゲットを決めます。
> 実在する人を思い浮かべると効果的です。

▼

> キャッチフレーズを書くときは、まずターゲットを決めます。
> あなたの大切な人を思い浮かべてみてください。

▼

> キャッチフレーズを書くときは、まずターゲットを決めます。
> たとえば、恋人やパートナー、子どもなど。
> あなたの大切な人を思い浮かべてみてください。

089

言葉ダイエットを、実際にやってみよう

APPLY "KOTOBA DIET" TO YOUR DOCUMENTS.

「描写」したことで、「説明」がより分かりやすくなりました。

　こうして「描写」の具体性を高めることを「**解像度を上げる**」と僕は言っています。

　かつて「細かすぎて伝わらないモノマネ選手権」というバラエティ番組のコーナーがありました。

パニック状態になるお客さんをなだめる秋葉原ヨドバシカメラの店員

何度か断った末お金をもらった後の大人のお辞儀

パーティー中に新人のミスを慌てて止めるチーフコンパニオン

…などなど。**これらは全て解像度の高い「描写」による共感の笑いです。**最近では「地味ハロウィン」も同じですね。「描写」には共感を喚起し、人を引きつける効果があるのです。説明が続いて文章が単調に感じるときは、ぜひチャレンジしてみましょう。

▶▶ 構成を変えてみる

　もう一度、スライド6のダイエット前後を見てみましょう。

BEFORE | ダイエット前

❶ ドリーム・バーガーのおいしさを
「視覚と聴覚」の五感へ差し込むクリエーティブを
綿密にディレクションすることが必要です。

❷ まず1つ目、視覚へ差し込むことを計算した
「おいしい肉カット」。
そして、2つ目、聴覚へ差し込むお肉が焼ける
シズル音を活用した音。

この2つの点を押さえて動画をつくります。

3

091

言葉ダイエットを、実際にやってみよう

AFTER | ダイエット後

❶ 美しい赤身とあふれる肉汁を、
あますことなくとらえた映像。
それをさらに引き立てる、
お肉がジリジリと焼ける音。

ドリーム・バーガーのおいしさを
「視覚」と「聴覚」の両面から表現しましょう。

ダイエット前のスライドは、

目的（ドリーム・バーガーのおいしさを表現）
　　▼
手段（映像と音の説明）

…という構成でした。

ダイエット後は倒置して

手段　▶　目的

…という構成になっています。

　どのスライドも構成が同じだと、受け手は単調に感じるものです。大切な1枚であえて構成を変えると、印象を強めることができます。

　ダイエット後の企画書をまとめます。

本日のご提案

ドリーム・バーガーの課題は、
ブランドのコモディティ化。

ソリューションとしては
デジタル・コミュニケーションが有効と考えます。

言葉ダイエットを、実際にやってみよう

自分が行きたい店より、
みんなが話している店。

これが現代の生活者の視点です。
飲食店について、いつもスマホで検索しています。
生活者とスマホで多くの接点を持つことが
大切なのです。

目標
「検索されるブランドからの脱却」

お客さまが「今日は何を食べよう？」
と検索する前に、
「今日はドリーム・バーガーで食べよう」
と思い浮かべてもらいましょう。

戦略

生活者が検索する前に、
デジタルアドでターゲティング。

「食事、何にしよう」と思った瞬間に、
「ドリーム・バーガーに行こう」と呼びかけ、
来店へとつなげます。

アイデア
「ドリーム・バーガーの肉ムービー」

お肉のシズル感を7秒に凝縮したウェブムービーを、
お客さまのスマホに配信します。

美しい赤身とあふれる肉汁を、
あますことなくとらえた映像。
それをさらに引き立てる、
お肉がジリジリと焼ける音。

ドリーム・バーガーのおいしさを
「視覚」と「聴覚」の両面から表現しましょう。

言葉ダイエットにより、

- 結論（スライド1）
- 目標設定と、その理由（スライド2、スライド3）
- アイデア（スライド4、5）
- アイデアの表現方法（スライド6）

という構成が明確になったことが、お分かりいただけると思います。

　全体を直したところで、プラスアルファで使える小技を紹介しましょう。

▶▶ ビジネスでも、 ビジネス以外の話をしよう

　2017年のカンヌライオンズで、ピンタレストのCEO（当時）ティム・ケンドール氏のプレゼンテーションを見る機会がありました。著名人の登壇を一目見ようと大勢が集まり、会場の熱気は最高潮です。

　しかし、彼が最初に見せたスライドは、ピンタレストの機能紹介でも、会社の歴史でもありません。**まだ小さな娘さんの写真です。**しばらくふだんの生活について話した後、「**ピンタレストはオンラインではなく、あなたのオフラインを豊かにする**

ためのサービスなのです」と続けたのです。部屋のコーディネ
ートや料理など、ライフスタイル情報に強いピンタレストの特
徴を分かりやすく伝える、見事な構成です。

　**プライベートや趣味、芸術作品からの引用など、ビジネスに
直接関係のない話を入れると、文章にグッと深みが増します。**
打ち合わせでも、仕事の話しかしない人なんて好きになれない
ですよね。プレゼンテーションは企画書だけではなく、あなた
自身を売り込む場でもあります。あなたの人間性が感じられる
文章を書くようにしましょう。

　企画書のダイエット方法について、一通り説明しました。**最
後に、もっとも大切なことを記します。**

　どんなに読みやすく書いても、ここでつまずいたら台無し。
逆にここさえ押さえておけばプレゼンの成功率が劇的に上が
る！　…という超重要ポイントです。それは、

文字を
とにかく
デカく
する。

…と、いうことです。拍子抜けされたでしょうか（笑）。しかし、文字の級数は凄まじく重要です。最近は出力した紙の企画書ではなく、スクリーンに映してプレゼンする機会が増えました。小さい文字は、紙ならなんとかなっても、スクリーンでは全く読めません。小さすぎて読めない文字が映し出された時のガッカリ感ったらありません。

　僕はこれで痛い失敗をしたことがあります。誰もが知っている大手クライアントの、超大型競合プレゼンに参加した時のことです。絶対に獲りたい仕事だったので、自分のすべてをかけて連日連夜作業しました。そのかいあって、最高のコピーと最高の絵コンテによる、最高の広告キャンペーンの企画書ができあがりました。

　迎えたプレゼン当日。自信満々でクライアントのトップが揃う会議室に入り、企画書を映し出したところ…文字が小さくて、まったく読めなかったのです…

　その瞬間、僕は負けを確信しました。実際、負けました。（苦笑）

　この苦い経験以降、僕は企画書の文字を大きくすることを、何よりも大切にしています。一緒に仕事をするメンバーには、くどいほど「文字を大きくするように」と繰り返し指示します。

こんなことをわざわざ言うのは、気恥ずかしいものです。実際、きょとんとされることもありますが、気にしている場合ではありません。**企画書の文字は放っておくと、なぜか、どんどん小さくなります。**戦略の提案であれば、小さい文字の方が情報を詰め込めます。クリエイティブの提案でも、広いスペースに小さく文字を載せればオシャレに見えます。

しかし、あなたが今手元のPCで見ている企画書は、はるか遠くのスクリーンに映し出される可能性があることを忘れないでください。

僕は文字の大きさに気をつけるようになって以来、競合プレゼンの勝率が劇的に上がりました。

会議室が広くても、狭くても、紙に出力しても。

いかなる場合においても、文字が大きくて困ることは無いのです。

▶▶ まとめ

先述したように、ビジネスパーソンにとってプレゼンは晴れ舞台です。そこで気負いすぎてガチガチになってしまい、自分らしさを発揮できなかったら勿体無いですよね。**適度に緊張し**

つつも、あくまで自然体の文章を書くように心がけましょう。

　読み聞かせの絵本だと思う。

　説明だけではなく、描写する。

　ときには脱線して、プライベートの話題を入れる。

　どれも決して難しいことではありません。あなたらしさが出ている文章こそ、分かりやすく、読んでいて気持ちいい文章なのです。

▶▶ 言葉ダイエット「企画書」練習問題

　メールに続き、企画書にも練習問題を用意しました。まずはあなた自身の考えで修正した後、ダイエット後の例文と比べてみましょう。例文は模範解答ではありません。あなたの職種や個性にあった方法を発見することが大切です。

レシピ紹介サイト"メガレシピ"の
ソーシャルメディア・キャンペーンの
ご提案

手作り弁当の訴求を目的に、

約一か月毎に季節に合わせて

シーズナリティ連動でテーマを変え、

ユーザー参加型のSNSキャンペーンを

通年で実施させていただきます。

メガレシピ公式InstagramとTwitterにて、
キャンペーンの告知の実施にとどまらず、
Instagramでは、
メガレシピの公式レシピページを中心に
掲載されている多数のレシピの
インスタ映えお弁当写真を掲載し、
Twitterではレシピの詳しい内容をツイートします。

キャンペーンで投稿されるユーザーのレシピ投稿も
公式アカウントから引用リツイートやシェアしたりと、
ブランドとのロイヤリティを高め
アカウントフォローへの
モチベーションの向上を狙った運用を行います。

メガレシピ「季節の手作り弁当」
ソーシャルメディア企画

アイデア

季節のお弁当レシピを提案するキャンペーンを、
毎月、通年で実施します。

お弁当レシピの発表方法

メガレシピ公式InstagramとTwitterを活用。

Instagramでは、
インスタ映えするお弁当写真を中心に投稿します。
Twitterでは、
写真に加えてレシピの詳細を文字情報で伝えます。

フォロワー対策

メガレシピのユーザーによるお弁当投稿があった時は、
公式アカウントからシェアやリツイート。
ユーザーとの交流を通して、フォロワーを増やし、
ロイヤリティを高めることが可能です。

❸ 読みやすいエントリーシートとは

カッコつけるあまり空虚になり、書いた人の顔が見えなくなる。

退屈なビジネス文章がうまれるひとつのパターンです。**この問題がもっとも端的にあらわれるのが就職活動のエントリーシートだと思います。**

立場上、広告業界を志望する学生と話す機会はたくさんあります。みんなものすごく優秀です。行動力や自分の視点、自分の言葉を持っている。お世辞でもなんでもなく、僕の学生時代に比べてはるかに立派だと思います。**しかしエントリーシートや面接の受け答えになった途端、ほとんどの学生は輝きを失ってしまうのです。**

▶▶ 企業が見たいのは、あなた自身

理由はシンプル。**自分がイメージする「企業が欲しい学生」の型に、自分を当てはめるからです。**就職活動で企業が見たいものは、学生自身の個性や視点です。それをわざわざ捨ててしまっては、良い結果を得ることは難しいでしょう。

学生がこうした態度で就職活動にのぞむのは、受験勉強の影響が大きいと思います。問題への模範解答を出す訓練を経て大学に入り、次に待っているのが就職試験です。優秀な学生ほど模範解答に自分を当てはめようとします。

　しかし、大学で学ぶことに模範解答が無いように、就職活動にも模範解答はありません。 ましてや今はデジタルの普及と発達で、過去の成功体験が通用しない時代です。今後は就職活動でも、型にはまらない人材を求められるようになるでしょう。心配することはありません。やることは、あなたが大学でやってきたことと同じです。**あなた自身を、あなたの言葉で表現すればいいのです。**

▶▶ 「学生時代にがんばったこと」で差はつかない

　どのエントリーシートにも、たいてい「学生時代にがんばったこと」がズラリと並べられています。

- アルバイトで売り上げをアップした。

- ゼミの研究で大きな成果を出した。

- サークルのリーダーとして皆をまとめた。

…などなど。どの企業も聞いてくることなので当然です。

しかし、「学生時代にがんばったこと」そのものでは、ほとんど差はつきません。なぜなら、すべての学生が似たようなことを書いてくるからです。

あなたは確かにアルバイトで売り上げをアップして、ゼミの研究で大きな成果を出して、サークルのリーダーとして皆をまとめたのでしょう。しかし、その実態はエントリーシートでは伝わりにくいのです。

国際的な賞を獲る、雑誌の表紙になるなど、よほど強い差別化要因があれば話は変わります。そうでないかぎり、他の学生も全員、あなたと同じレベルのことを成し遂げている（エントリーシートではそう見える）と思ってください。

「学生時代にがんばったこと」で差がつかないなら、どこで差がつくのか？

そこから、どんな「発見」を得たかです。

▶▶ 「発見」を、 「カッコつけてない言葉」で書く

まずはダメな例を見てみましょう。

私が学生時代にがんばったことはサークル活動です。

所属していたお笑いサークルの活動を通じて、リーダーシップとお客さまの期待に応えることの大切さを学びました。

サークルでは定期的にコントのライブを行い、お客さまにアンケートに答えていただき満足度を測ります。少しでもお客さまに満足していただくために、私はメンバー同士で勉強会を行うことを提案しました。

最初はみんな反対しました。
しかし、私は勉強会の必要性を粘り強くメンバー一人ひとりに説得し、最後はメンバー全員が勉強会の開催に賛成してくれました。

勉強会によってお互いに刺激しあい、成長につながりました。

この経験を通して、私はチームワークの大切さを学びました。御社でもチームの一員としてビジネスに貢献したいと考えております。

実際、この学生は勉強会の結果、抱腹絶倒のコントをつくったのでしょう。しかし、それはエントリーシートでは再現でき

ません。「優秀な学生」を演じるために、学生時代の経験をなんとなくビジネスっぽい言葉で文章にすると、こうなります。実にもったいない。

妙にカッコつけず、素の自分を文章にするよう心がけてください。この世にあなたという人が他にいない以上、他の学生と絶対にかぶらない「あなたらしさ」が文章に出るはずです。そして、そこから普遍的な「発見」を導き出してみてください。

リーダーシップとか、協調性とか、月並なビジネス言葉に落とし込む必要はありません。普遍的な「発見」であれば、どんな内容であれビジネスに役に立てることができるのです。

AFTER | ダイエット後

私が学生時代にがんばったことはサークル活動です。

所属していたのはお笑いサークルです。と言えば聞こえはいいのですが、とにかく、すべりまくっていました。ライブをやるものの、毎回、お客さまアンケートの満足度は最下位。会場を沈黙させることについては、誰にも負けませんでした。

あまりにすべるので、私はサークルの仲間達から学びたいと思い、勉強会の開催を呼びかけました。「面倒くさい」「手の内を明かしたくない」と、最初はみんなから嫌がられ

ました。しかし、しつこく頼むうちに、すべってばかりの私を気の毒に思ったのか全員OKしてくれました。

勉強会の効果はてきめんでした。私は自分より上手なメンバー達から多くを学びました。意外なことに他のメンバー達からも好評でした。私に教えることが自分の上達につながったと、皆が口を揃えたのです。

結果、サークル引退前のライブでは90%という過去最高の満足度を獲得することに成功しました。

私はこの経験から、失敗があるから成長があることを学びました。御社で働くうちに失敗することもあると思います。そんな時こそ、学生時代の経験を思い出し、成長したいと思います。

ダイエット前後を比べると、文字数は増えています。しかし、内容の密度も増していますよね。順番に説明していきます。

▶▶ 誰も「優秀なエリート」を 期待していない

エントリーシートのほとんどは、自分の優秀さをアピールするものです。そんな中、このような失敗談をベースにしたものを見たら、印象に残ると思いませんか？　失敗談に限らず、カ

ッコつけてない、**素の自分を表現すること**が大切なのです。

　そのためには、「就職活動では優秀なエリートが求められている」という思い込みを捨てることが大切です。「世界一周旅行をしました」のような特別な経験は不要です。どんな内容であれ、あなたと全く同じことを経験した人は、誰ひとりいないのですから。

▶▶ 大切なのは「能力」より「発見」

112

　リーダーシップや協調性など、**いくら能力をアピールしたところで、実際どうなのかは働いてみないと分かりません。**エントリーシートの文章で確実に伝えられるのは、**あなただけの視点**と、そこから得た**発見**です。

　ふだんから日常を観察して、例で示した「失敗したときは成長のチャンス」のような発見を得るように習慣づけるといいと思います。こう書くと「就活本番になってそんなことを言われても手遅れだ！」と感じる人もいると思いますが、大丈夫です。過去の経験を思い出し、発見を得ることは十分可能です。

　次は、「志望動機」に進みましょう。

▶▶ 「志望動機」は、無くていい。

　志望動機でつらいのは、志望していないのに書かなくてはいけないことです。

　いきなり身も蓋もない話ですね（笑）。しかし、これはあなたのせいではありません。同時並行でたくさんの企業を受けなくてはいけない就職活動のシステムの問題です。

　志望していないのに志望動機を書くと、どうしても空虚で具体性を欠いた内容になります。たとえば、次のような文章です。

> 私は人々を笑顔にすることが好きです。大学では人々を笑顔にするために、お笑いサークルに所属し活動してきました。広告を通じて人々を笑顔にする御社の事業に魅力を感じ、志望させていただきました。

　ほんとうに志望している企業の志望動機を書くのに苦労はしないと思います。ここでは、「ちょっと気になっている」くらいの企業の志望動機の書き方を説明します。

言葉ダイエットを、実際にやってみよう

▶▶ 企業とあなたの「接点」を探そう

結論から書きます。「志望動機」ではなく、あなたと企業の「接点」を探すようにしましょう。**志望動機は思い浮かばなくても、自分との接点を見つけられない企業は無いはずです。**たとえば、次のような感じです。

> 最近、気がつくと口ずさんでいる歌があります。A社のCMソングです。正直、特に好きなCMではありません。曲もいいとは思いません。でも、いつの間にか覚えていて、口ずさんでいる。意識せずとも人々に影響を与える広告の仕事に魅力を感じ、御社を志望しております。

ここでも、重要なのは**具体性**です。無理して志望動機をデッチあげず、情景が浮かぶような「接点」を見つけてください。

▶▶ エントリーシートで　全てを伝えようとしない

忘れがちですが、エントリーシートはあくまで面接に進むためのステップです。全てを伝えようとせず、文章で伝えられることだけを具体的に書くべきです。面接官はエントリーシートをもとにあなたに質問をします。無理してカッコつけて書いた途端、面接では答えに窮することになります。「**素の自分**」を具

体的に書いてこそ、面接を自分のペースで進め、内定に近づくことができるのです。

▶▶ 言葉ダイエット 「エントリーシート」練習問題

　次にあげる「学生時代にがんばったこと」の例を、ダイエットしてみましょう。テーマは「アルバイト経験」です。今回は単純に文章を整えるだけではなく、具体性のあるエピソードを書き加えてみてください。例文をもとにバイト経験を想像してもいいですし、あなた自身の思い出を書いても構いません。

> **EXAMPLE　例文**
>
> 　　　学生時代にがんばったこと　アルバイト篇

私が学生時代にがんばったことは、アルバイトです。

いま女性に大人気のタピオカカフェで働いていました。私の担当は、お客さまのご案内です。タピオカ屋の中でも、とくに大人気のタピオカ屋さんだったので、毎日のように行列ができていました。その行列は、長い時だと、1時間待ちの行列になることもありました。

お客さまのご案内は私の担当なので、行列への対応も担当しました。近隣のお店や通行人の邪魔にならないように、細かく気を配り、その都度、行列を乱さないよう対応しました。

待ち時間が長くなると、クレームをおっしゃるお客さまも多くいました。その都度、私はクレームに真摯に対応し、謝罪を続けました。おかげで、クレームを言っていたお客さまも、最後はご納得いただき、静かに行列に並んでいただくことができました。

私がバイトを通して学んだのは、お客さまと誠実に真摯に正面から向き合う大切さです。同じように、御社のクライアント様にも誠心誠意向き合うことで、ビジネスに貢献できると考えております。

私が学生時代にがんばったことは、アルバイトです。

いま女性に大人気のタピオカカフェで働いていました。テレビや雑誌で紹介されたこともあるお店屋さんだったので、連日の大行列でした。私がバイトしていた時期の最長記録は、なんと1時間待ちです。

行列の対応は、私の担当でした。列を整理したり、クレームの対応をしたり。大変な仕事でしたが、密かな楽しみにしていたのは、お客さまの観察です。

タピオカというと女性が行列しているイメージがありますが、実際は男性も結構います。彼女と一緒にやってきて、後日、ひとりで再訪された若い男性。週末、みんなでやってくる男子高校生。スーツ姿で並ぶ、外回り中のサラリーマン。みなさん、おいしそうにタピオカを楽しんでいました。もし同じお店でバイトする機会があれば、男性用メニューの開発をしたいと思っています。

私がバイトを通して学んだのは、先入観にとらわれず、物事を観察することの大切さです。御社のビジネスにおいても、先輩社員の方々が気づいてない様々なポイントがあると思います。私が入社したら、新入社員としての視点を活かして、働いていきたいと考えております。

第 **4** 章

読みたくなる文章の
書き方

【 読みたくなる文章の書き方 】

　これまでは読みにくい文章の実例を挙げた上で、言葉ダイエットで読みやすくする方法をご紹介してきました。しかし、どんなに読みやすくても、**内容がつまらなかったら意味がありません**。そこで本章では「読みたくなる文章」の書き方を説明していきたいと思います。

【 「おもしろい」とは何か 】

　文章はおもしろくないと読んでもらえません。当たり前のようで、「ビジネスなのだから、おもしろさなど必要ない」と思っている人が大勢います。こういう**誤解が、ビジネス文章を読みにくくしているのです**。

　どんな会社や職業であっても、文章の目的は同じです。読んだ人の感情や行動に何らかの影響を及ぼすために、あなたはキーボードに向かっているはずです。**おもしろくないものが影響力を持つことはありません**。

　おもしろいといっても、笑いを取れとか、オチャラけろと言っているのではありません。「おもしろい」という言葉は人によって解釈が様々で、しばしば誤解をうみます。筆者もよく営業

から「このクライアントに、おもしろいコピーは要らないんです。かたくてマジメじゃないとダメなんですよ」と言われます。しかし「おもしろいこと」と「かたくてマジメなこと」は、両立可能です。本書における「おもしろい」という言葉の定義を明らかにしたいと思います。

「おもしろい」とは、「発見」があることを指すのです。

「発見」がある文章は、おもしろい

　突然ですが、江戸時代の武士は門限が早く、夜6時だったことをご存じでしょうか？　いざという時、戦いにかけつけるため、というのが理由です。言われてみれば、なるほどと思いますよね。同じ理由で夜遊びも禁止だったそうです。

　あなたは今、「武士の門限が夜6時」という文章を読んで「おもしろい」と思ったのではないでしょうか。それは、新しい事実を「発見」したからです。

　ちなみに「武士の門限は夜6時」という豆知識は、「鬼平犯科帳25周年記念動画 鬼へぇ」というウェブムービーをつくった時に調べたものです。ビジネスとは関係ないですが、ぜひ見てみてください。時代劇好きの上司との雑談のネタにはなると思います（笑）。

● 劇画『鬼平犯科帳』25周年記念動画「鬼へぇ」

※出典：
https://www.youtube.com/watch? v=M136XGzk8YE

　話を「発見」に戻します。僕はよく新人コピーライター研修で「亀のコピーを書きなさい」という課題を出します。すると、ほとんどの人が

「マイペースで行きましょう」

…みたいなコピーを書いてきます。

　このコピーがつまらないのは、**亀は動きが遅いという誰でも知っていることを、広告コピーっぽい体裁で言い換えているだけだからです。**「発見」が全く無いのです。

　それでは、次のコピーを見てください。

- 「世界最高齢の亀は、186歳」 ※2019年現在

  ※参考：
  https://tenki.jp/suppl/rsakai/2019/05/23/29112.html#sub-title-b

- 「5月23日は、世界亀の日」

- 「カメの性別は、卵の中にいた時の温度で決まる」

どのコピーも、あきらかに「マイペースで行きましょう」よりおもしろくなっています。少なくとも読み手に「発見」を与えようとする姿勢があります。

ビジネスであれ何であれ、文章を書く時は読み手にとって「発見」があるよう意識することが大切です。

話をカメの性別に戻すと、卵が28℃以下の場合はオス、28〜29℃の場合はオス・メス半々、30℃以上の場合はメスになるそうです。おもしろいですね…

【　「主観的発見」とは　】

「発見」というだけでは分かりにくいので、より掘り下げましょう。「発見」は「主観的発見」と「客観的発見」の2つに分けられます。

「主観的発見」とは、人の気持ちの中にある発見です。僕の手がけたコピーを例として挙げます。

● 「父が涙もろいことは、テレビが教えてくれた。」

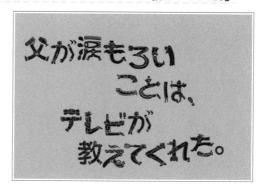

（スカパー！ 2018年）

● 「集中には、きっかけがいる。」

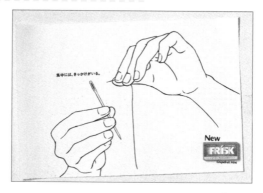

（FRISK 2018年）

どちらのコピーも「言われてみれば、確かにそうだな」と読み手に共感してもらうことを狙っています。心のどこかで思っていることを言い当てる、ということですね。僕はこれを、ちょっと難しい言葉で「潜在的感情の顕在化」と呼んでいます。

　「主観的発見」は、基本的に「経験」の中から探します。直接経験したことはもちろん、友達に聞いた話などでもいいでしょう。左のコピーを見れば分かるように、特別な経験である必要はありません。**むしろ、いつもの毎日のほんの些細な瞬間を、一歩踏み込んで考えることが大切です。**

　たとえば「子どもの頃、一緒にテレビを見ていた時、父はよく涙ぐんでいた」というエピソードであれば、誰でも心当たりがあると思います。そこを一歩踏み込んで考えて「**一緒にテレビを見なかったら、泣いているお父さんなんて目にする機会無かったかもな。父が涙もろいことは、テレビが教えてくれた、とも言えるな……**」と「発見」に育てていけばいいのです。

【 「主観的発見」を使った、
ビジネス文章の書き方 】

　それでは、どうやって「主観的発見」で文章をおもしろくするのか？　エントリーシートの「学生時代にがんばったこと」を例に見てゆきましょう。

> 私は学生時代、海外でのボランティア活動に力を入れました。力仕事が多かったのですが、子ども達の笑顔に元気をもらいました。この経験を通して、私は人の役に立つ喜びを学びました

　いかにも就職活動らしい文章ですが、「発見」が無いので読み手は退屈です。次のように書き換えてみましょう。

> 私は学生時代、海外でのボランティア活動に力を入れました。力仕事が多かったのですが、子ども達の笑顔に元気をもらいました。考えてみたら、それまで子どもの笑顔を直に見る機会なんて、ありませんでした。子どもの笑顔にこんな力があるのかと、本当に驚きました。日本に帰ってから電車で泣いている子どもを見ても、イライラしなくなったほどです。卒業した後も、子ども達の役に立つ仕事をしたくなり、貴社を志望いたしました

　一見、ありきたりなエピソードにも、深く考えれば「発見」があることがお分かりいただけたと思います。

　企画書も「発見」があると無いとでは、印象が全く変わります。たとえば、次の文章を読んでみてください。広告会社がスニーカーメーカーに、販促キャンペーンを提案している企画書です。

> 御社のスニーカーは10代の若者がターゲットです。入学シーズンは繁忙期なので、需要増が見込めます。若者の生活に合わせたメディアでコミュニケーションをすることが大切です。

強いて言えば3文目が「発見」ですが、後はすべて「前提の共有」であり、読み手が知っている内容です。こんなスライドが2、3枚続いたら、すっかり飽きてしまいます。そこで、次のように書き換えます。

> 御社のスニーカーは10代の若者がターゲットです。入学シーズンは繁忙期なので、需要増が見込めます。しかし、若者たち本人にとっては、繁忙期なんて関係ありません。青春を謳歌する上で必要だからスニーカーを買うだけです。コミュニケーションにおいても、若者のリアルな生活に合わせたメディアを選ぶことが大切です。

　提案するメディアプランの内容が同じでも、その前のスライドに「発見」があれば、より「おもしろく」感じると思います。

「前提の共有」も大切ですが、それに終わらず、「発見」を入れるように意識してみてください。

「客観的発見」とは

「主観的発見」が自分の中にあるのとは対照的に、「客観的発見」は外の世界にあります。先に例として挙げた「カメの卵は28℃以下の場合はオス、28～29℃の場合はオス・メス半々、30℃以上の場合はメスになる」というのは「客観的発見」です。**読み手の知らない事実と言ってもいいですね。**

　僕の書いたコピーだと、次のものがあります。

- **「人間だけが、時速900キロで熟睡できる。」**　（ANA 2018年）

　このコピーは子ども達と一緒に読んだ「ツバメのたび─5000キロのかなたから─」（鈴木まもる 著）という絵本から着想を得ました。絵本では「つめたい　さむい　とばされる　でも　いきたい　いかなければ」と、はるか5000kmを乗りこえて日本にやってくるツバメの旅が描かれています。比べると飛行機での移動は、おいしい食事があって、映画を観れて、ぐっすり眠れて、なんと幸せなのだろうと思ったのです。

　「人間だけが、時速900キロで熟睡できる。」は、僕のひらめきでも何でもありません。ただの事実です。**世界を見渡せば、おもしろいものはいくらでも発見できるのです。**

もうひとつ、例を挙げましょう。ナイキが1995年に発表した
テレビCMです。画面に向かって女の子達がカメラに語りかけ
ます。

● 「私にスポーツをさせてくれたら。

　乳がんになる可能性が60％下がる。

　うつ病になりにくくなる。

　暴力をふるう男と別れられるようになる。

　望まない妊娠の確率が下がる」

（"If you let me play." 1995年）

　ここにもコピーライターの思いつきやひらめきは一切ありま
せん。事実だけです。カッコつけた言い回しをするより、その
ほうがずっと「女の子にスポーツをさせよう」というテーマが
伝わるのです。

　本や映画はもちろん、駅までの風景や友達のさりげない一言
など、日頃接するすべてに「発見」がないか観察するといいと
思います。

「客観的発見」を使った、
ビジネス文章の書き方

　次の例は、テレビCMを活用している広告主に、ソーシャルメ
ディア広告をすすめる文章です。

> マス広告の多くは、新規顧客の獲得を目的にしています。しかし、マーケットの拡大が望めない中、この戦略には限界があります。既存顧客をロイヤルカスタマーに育て、ライフタイムバリューを増やす方が効率的です。このために最適なのがソーシャルメディア広告です。

　ロジックが明快で、読みやすい文章ではあります。しかし「発見」はないので、おもしろくは無いですよね。「よし、ソーシャルメディア広告をやるぞ！」という気持ちの変化は起きなさそうです。そこで「客観的発見」を入れて、次のように修正します。

> マス広告の多くは、新規顧客の獲得を目的にしています。しかし、マーケットの拡大が望めない中、この戦略には限界があります。既存顧客をロイヤルカスタマーに育て、ライフタイムバリューを増やす方が効率的です。「パレートの法則」によると、企業の売上げの80％は上位20％のロイヤルカスタマーからもたらされています。そして、ロイヤルカスタマーの育成に最適なのが、ソーシャルメディア広告なのです。

　「パレートの法則」という自分や読み手の外にある「発見」を入れたことにより、内容に厚みが増していることが分かりますよね。

こういう法則やデータはビジネス本でよく紹介されています。読んでいて「おもしろいな」と思ったものを自分が文章を書くときのために覚えておくといいでしょう。

　「客観的」と「主観的」、2種類の「発見」はどちらがよりおもしろいというわけではありません。厳密に区別できないこともあります。次に挙げるのは、2種類を組み合わせた例です。

- 「最初にわかったのは、
  「オランダ語は横に読む」ということ。」
- 「最近ありますか？　検索しないで、自分で気づいたこと。」

（「風雲児たち」2018年）

　「風雲児たち」は1979年のシリーズ開始以来、現在も連載中の歴史大河マンガです。2018年のお正月に、杉田玄白や前野良沢らが西洋の医学書を翻訳し「解体新書」を出版した際のエピソードがドラマ化されました。ドラマに合わせて原作マンガを広告するために作ったのが、このポスターです。

　キャッチコピーの「最初にわかったのは、「オランダ語は横に読む」ということ。」は「客観的発見」です。実際に翻訳したときのエピソードから拾ってきています。

　一方、「最近ありますか？　検索しないで、自分で気づいたこと。」は「主観的発見」です。「最初にわかったのは、「オランダ

最初にわかったのは、
「オランダ語は横に読む」
ということ。

杉田玄白

最近ありますか？
検索しないで、自分で気づいたこと。

風雲児たち

みなもと太郎　　歴史大河ギャグ、
　　　　　　　　NHK実写ドラマ化！

語は横に読む」ということ。」だけだと、歴史好きにしか届かないポスターになります。そこで誰でも共感できる「発見」を追加したのです。

【 コピーライター流「発見」の探し方 】

「発見、発見と言うけれど、発見のある文章なんて、そうそう書けるものじゃない」

　そう感じた方も多いのではないでしょうか。ご安心ください。コピーライターが普段、どうやって「発見」を探しているのかを解説してゆきます。難しいところは一つもありません。**誰でも習得し、日々の仕事に活用できるやり方です。**

　そもそもコピーライターには、純粋に「文章を書く職業」とは言い難い側面があります。新聞記者や小説家に比べて、書く文章量はずっと少ないでしょう。文法などの正確さという点でも、劣ると思います。

　では、コピーライターの強みはどこにあるのか？　**ビジネスのための「発見」のある文章を書けることです。**名作とされているコピーの数々を、思い出してみてください。

●「四十才は二度目のハタチ。」　　　　　　　　（伊勢丹 1992年）

- 「想像力と数百円」 （新潮文庫 1984年）

- 「おしりだって、洗ってほしい。」 （TOTO 1982年）

　そこには必ず「発見」があるはずです。「発見」することは、第1章で書いた「情報の取捨選択」と並ぶ、コピーライターの重要な役割です。情報洪水の現代社会で広告を見てもらうために。コピーライターは「発見」のある文章を使って、人々の注意を惹きつけるのです。

　ここからは具体的な方法を解説します。「発見」に至るまでには、

❶「広げる」
❷「分ける」
❸「選ぶ」
❹「仕上げる」
…の4ステップがあります。

　具体例があった方が分かりやすいので、この4ステップを経てコピーが完成するまでを、紙上シミュレーションしたいと思います。

　テーマは「不倫を予防するコピー」とします。僕がコピーライター養成講座で講師をするとき、よく出題するテーマです。非常に人気があり、盛り上がります（笑）。

1：「広げる」

　まずは、たくさんコピーを書きます。おもしろい／おもしろくないは度外視して、とにかく数を書くようにしましょう。単純なようで意外と大変な作業です。慣れないうちは4、5個書いたら息が上がると思います。

- 「家族を失うことに耐えられない。」

- 「慰謝料が大変です。」

- 「恋バナが楽しくなくなるよ。」

- 「僕には遊びだったのに、彼女は本気だった。」

　まずは4本のコピーが出来ました。まだまだ少ないので、これらをベースに数を増やします。

▶▶ 具体的にして、広げよう
例❶「家族を失うことに耐えられない。」

　確かに不倫がバレて家族を失ったら、つらいでしょう。その恐怖で誘惑を断ち切ることも可能だと思います。でも、このままでは抽象的なので、**具体的にしてゆきましょう。**

たとえば「家族」と言っても誰のことだか分からないので、特定してみます。家族という言葉を起点に「夫」「妻」「子ども」「祖父母」…と、続く言葉を連想できますよね。ここでは「子ども」という言葉を使ってみましょう。

● **「一生、子どもに軽蔑された」**

　少し具体的になりましたが、まだまだ紋切り型ですよね。さらに連想を続けて、具体性をプラスします。

● **「"パパのお髭、チクチクする"が、もう、聞けない。」**

　最初のコピーより、不倫の代償をずっとイメージしやすくなりました。先述の分類でいうと、これは**「主観的発見」**です。具体性は文章を書くうえでもっとも大切なものです。読んでいて**情景が目に浮かぶような、具体性のある文章を書きましょう。**

▶▶ 具体的にして、広げよう
例❷「慰謝料が大変です。」

「大変」と言われても、何がどう大変かイメージできません。具体的な金額を記した方が分かりやすくなります。慰謝料の相場を検索すると200万円から300万円くらいが多いようなので、

● **「不倫で離婚した場合、慰謝料の相場は、200万〜300万円。」**

…とします。これは「客観的発見」です。

まだ淡々としているので、

● 「慰謝料300万円と聞いても、不倫しますか?」

…と、脅してもいいかもしれないですね。

▶▶ 具体的にして、広げよう
例❸「恋バナが楽しくなくなるよ。」

　上のコピーを起点に、「恋バナ」という単語から「恋バナが盛り上がるのはどこだろう?」と連想することで、

● 「女子会で話せなくなりますよ。」
…と、広げます。具体性は増えましたが、ちょっと他人事ですよね。そこで話者を第3者から当事者に変えてみます。

● 「女子会で話せないような恋はイヤだ。」

　発想を広げたいとき、「話者を変える」のは有効な方法です。次の例で見てみましょう。

▶▶ 具体的にして、広げよう

例❹「僕には遊びだったのに、彼女は本気だった。」

このコピーの話者を当事者から第3者に変えて、次のように修正します。

● 「相手は本気かもしれないよ。」

自分以外の誰かの不倫だったのが、自分の不倫になり、より胸に迫るものになりました。

138

ここまでのコピーをまとめましょう。

● 「家族を失うことに耐えられない。」

● 「一生、子どもに軽蔑された」

● 「"パパのお髭、チクチクする"が、もう、聞けない。」

● 「慰謝料が大変です。」

● 「不倫で離婚した場合、慰謝料の相場は、200万〜300万円。」

● 「慰謝料300万円と聞いても、不倫しますか？」

- 「恋バナが楽しくなくなるよ。」

- 「女子会で話せなくなりますよ。」

- 「女子会で話せないような恋はイヤだ。」

- 「僕には遊びだったのに、彼女は本気だった。」

- 「相手は本気かもしれないよ。」

　4本からはじめて11本まで増えました。このようにして、発想を広げてゆけばいいのです。

　大切なのは、とにかく書くことです。「何も思いつかない」「アイデアが出ない」と悩んでいる人の大半は、アイデアを出さないで、ただ悶々と悩んでいます。**おもしろいアイデアを1個出した人は、それ以外につまらないアイデアを100個は出しています。文章も同じです。迷っているヒマがあるなら書きましょう。**書いているうちに見えてくるものがあるし、つまらないと思ったら、消せばいいのですから。

　広げた後は、次のステップ「分ける」に進みます。

2：「分ける」

先の11本のコピーを、切り口別に分けてみます。

【失うものの大きさ】
- 「家族を失うことに耐えられない。」
- 「一生、子どもに軽蔑された」
- 「"パパのお髭、チクチクする"が、もう、聞けない。」
- 「慰謝料が大変です。」
- 「不倫で離婚した場合、慰謝料の相場は、200万〜300万円。」
- 「慰謝料300万円と聞いても、不倫しますか？」

【後ろめたさ】
- 「恋バナが楽しくなくなるよ。」
- 「女子会で話せなくなりますよ。」
- 「女子会で話せないような恋はイヤだ。」

【やめる難しさ】
- 「僕には遊びだったのに、彼女は本気だった。」
- 「相手は本気かもしれないよ。」

コピーは11本あっても、切り口は３つしかないことが分かります。こうして俯瞰して、おもしろくなりそうな切り口や、考えてもムダになりそうな切り口などを検証するのです。

たとえば【失うものの大きさ】【後ろめたさ】【やめる難しさ】と並べると、3つとも「不倫後」についての切り口になっています。次のステップとして「不倫前」のコピーを書けばいいことが分かりますね。

　早速「**家族を失うことに耐えられない。**」を起点に、「不倫前」のコピーを書いてみましょう。ここで「**広げる**」に戻ります。「家族」から「**家族写真**」を連想。さらに、第3者に「**話者変更**」することで、次のコピーができました。

● 「**家族写真をスマホの壁紙にしよう。**」

さらに広げつづけます。

● 「**家族写真をスマホの壁紙にしよう。**」

　　　▼

　連想「**スマホの壁紙**」→「**メール**」

　　　▼

● 「**メールの誤送信に気をつけよう。**」

　　　▼

　具体化

　　　▼

● 「**メールの誤送信で不倫がバレる人は多い。**」

何段階か経て、「不倫前」のコピーが完成しました。「**分ける**」

と「広げる」を繰り返せば、どんどんコピーの数を増やしてい
くことが可能です。

3 : 「選ぶ」

　あとは出来上がったコピーを、ターゲットや目的にあわせて
選べばいいだけです。

　たとえば、ターゲットが女性なら「**女子会で話せないような
恋はイヤだ。**」、子持ち男性なら「**"パパのお髭、チクチクする"
が、もう、聞けない。**」を、それぞれ選びます。

4 : 「仕上げる」

　まったく同じ内容でも、ほんの少し言い方を変えるだけで、
ずっと強くなることが多々あります。たとえば次を見てくださ
い。

> **BEFORE** | 仕上げ前
> ●「メールの誤送信で不倫がバレる人は多い。」

> **AFTER** | 仕上げ後
> ●「メールを誤送信したことがあるのなら、不倫はしない

方がいい。」

　仕上げ前は、どこか他人事です。仕上げ後は、メールを使う全ての人が共感しうるコピーになりました。

　コピーライターではないビジネスパーソンが、日々の作業で仕上げにまで気を配るのは難しいかもしれません。しかし、大事なプレゼンのタイトルや見出しなどは、最後まで粘って「おもしろさ」を追求することをオススメします。**その一文が、あなたのキャリアを左右するかもしれないのです。**

　以上、コピーの書き方を通して、「発見」の探し方を紹介しました。**この方法は文章を書くときだけではなく、アイデアを出すとき全般に有効です。**ぜひ活用してみてください。

読みたくなる文章の書き方

～コピーライター流「発見」の探し方～

1：「広げる」

思いついた「発見」を書き出す。おもしろくなくてOK。
数を出すことだけを意識する。

広げる方法❶「連想」
「一生、子どもに軽蔑された」

▼

「"パパのお髭、チクチクする"が、もう、聞けない。」

広げる方法❷「話者を変える」
話者＝当事者「僕には遊びだったのに、彼女は本気だった。」

▼

話者＝第3者「相手は本気かもしれないよ」

2：分ける

広げた発想を「切り口」ごとに分ける。

足りない切り口をあらためて「広げる」。

3：選ぶ

できあがった発想から、目的にあったものを選ぶ。

ターゲットが女性なら
「女子会で話せないような恋はイヤだ」

ターゲットが家族持ちなら
「"パパのお髭、チクチクする"が、もう、聞けない」

4：仕上げる

「発見」できたと思っても、そこで満足しない。まったく同じ内容でも、わずかの違いで強さが増す。

| BEFORE 仕上げ前 | 「メールの誤送信で不倫がバレる人は多い。」 |
| AFTER 仕上げ後 | 「メールを誤送信したことがあるなら、不倫はしない方がいい。」 |

【 文章を書くことは、ストーリーを語ることだ 】

近年、広告の世界では「ストーリー・テリング」という言葉がもてはやされています。例によって明確な定義のない要注意ワードなのですが（笑）、「事実そのものより、事実から何を発見したのかを伝えること」だと、僕は理解しています。僕が手がけた仕事から、具体例を紹介しましょう。

▶▶ NEC 技術広告

NECはBio-IDiomという生体認証技術を持っています。顔や指紋、声などから個人を一瞬で特定することが可能です。声認証であれば、風邪などで声が変わっても問題なく個人を特定できます。この技術の事実だけをまとめたのが、次の文章です。

> NECの生体認証Bio-IDiomは、顔や指紋、声などの違いを瞬時に把握し、個人を特定できます。公的サービスやセキュリティ、ショッピングなど、利用シーンは様々です。これまで70以上の国や地域に、700システム以上を導入しています。誰もが安心してデジタルを活用できる社会を実現してゆきます。

事実ベースの文章に「発見」を追加して、広告コピーとして

ウェブサイトに掲載したのが、次のものです。

> 盗まれない。無くさない。忘れない。もっとも安全な鍵は、
> あなたの身体だ。NECの生体認証Bio-IDiomは、顔や指紋、
> 声などの違いを瞬時に把握。全世界76億の中から、たった
> ひとりのあなたを認証する。公的サービスやセキュリティ、
> ショッピングなど、利用シーンは様々。これまで70以上の
> 国や地域に、700システム以上を導入している。誰もが安
> 心してデジタルを活用できる社会。そんな決まり文句は、
> 正確な認証技術があって、はじめて実現できる。あなたの
> 代わりは、いないから。あなたの身体を、あなたの鍵にす
> る。すべての人がキーパーソンになる。

ハイライトした部分は、新しく追加した「発見」です。順番
に解説します。

> 盗まれない。無くさない。忘れない。もっとも安全な鍵は、
> あなたの身体だ。

　顔や指紋での認証が、要はどういうことなのかを表した文章
です。これは「主観的発見」ですね。まずは読み手に、生体認
証の本質を端的に伝えるために入れました。導入はものすごく
重要です。僕は新人時代に「最低でも3パターンは書いて、一
番おもしろいものを入れろ」と教わりました。続きが読んでも
らえるかどうかが、ここにかかっています。努力のしどころで

す。

全世界76億の中から、たったひとりのあなたを認証する。

　今度は「**客観的発見**」です。「個人を認証できる」ということ
は、「全人類から一人を特定できる」ということ。それって、凄
いことでは？　…と発想を広げて書きました。当たり前だと思
われていることを、あらためて文章にすると「発見」につなが
る事があります。

● 「**野菜のカロリーは高くない。**」　　　　　（キユーピー 2011年）

● 「**いつもは有料のものが、無料。**」　　　　（スカパー！ 2013年）

…などなど。身近にたくさんあるので、観察してみましょう。

誰もが安心してデジタルを活用できる社会。そんな決まり
文句は、正確な認証技術があって、はじめて実現できる。

　修正前は

誰もが安心してデジタルを活用できる社会を実現してゆき
ます。

という文章でした。ここに「そんな決まり文句は、正確な認証

技術があって、はじめて実現できる。」という「**客観的発見**」を加えることで、説得力のある文章にしています。

> あなたの代わりは、いないから。あなたの身体を、あなたの鍵にする。すべての人がキーパーソンになる。

「**主観的発見**」です。冒頭の「もっとも安全な鍵は、あなたの身体だ。」から、さらに解釈を深めています。個人を認証することは、一人ひとりを大切に扱うことにつながります。このことを「鍵」から連想した「キーパーソン」という言葉で表現しました。**文章の締めくくりは、全体の読後感を左右します。**導入同様、注意深く書くようにしましょう。

▶▶ 三幕構成

　各文の解説が済んだところで、全体の構造を見てみましょう。このコピーは、3つのパートに分かれています。

❶導入

　盗まれない。無くさない。忘れない。もっとも安全な鍵は、あなたの身体だ。

❷本題

　NECの生体認証Bio-IDiomは、顔や指紋、声などの違いを瞬

時に把握。全世界76億の中から、たったひとりのあなたを認証する。公的サービスやセキュリティ、ショッピングなど、利用シーンは様々。これまで70以上の国や地域に、700システム以上を導入している。

❸ まとめ

誰もが安心してデジタルを活用できる社会。そんな決まり文句は、正確な認証技術があって、はじめて実現できる。あなたの代わりは、いないから。あなたの身体を、あなたの鍵にする。すべての人がキーパーソンになる。

❶ 導入で読み手を引きつけ、❷ 本題を興味深く読んでもらい、❸ まとめで読後感を決定づける構成です。

これを「三幕構成」と呼びます。アメリカの脚本家、シド・フィールドによって理論化された、世界中の映画で使われている手法です。たとえば「スター・ウォーズ　エピソード4」の三幕を見てみましょう。

● 第一幕

砂漠の惑星タトゥーインに暮らすルーク・スカイウォーカーはC-3POとR2-D2と出会う。そして、レイア姫が帝国軍に捕らわれていることを知る。

- 第二幕

  ルークが、師匠となるジェダイ、オビ＝ワン・ケノービと出会う。育ての親を失い、宇宙への旅へ。帝国軍に囚われ、ダース・ベイダーとの戦いでオビ＝ワンが命を落とす。数々の困難を乗り越えながら、レイア姫の救出に成功する。

- 第三幕

  ルークは反乱軍に合流。Ｘウイング部隊の一員として、デス・スターの破壊作戦に身を投じる。ダース・ベイダー率いるタイ・ファター部隊に追い詰められならも、デス・スターの破壊に成功する。

ぜひ自分の好きな映画を思い出してみてください。**ほとんどの作品が三幕構成になっているはずです。**

ビジネスでも「三幕構成」を使うことで、続きを読みたくなる文章を書けます。「起承転結」など、より細かい構成を勧める本も見かけます。しかし日々の仕事では、予想外の事態が多発するものです。「起承転結」など細部まで決め込みすぎると、修正が困難になります。構成にこだわるあまり文章が書きにくくなったら本末転倒です。**大雑把に「三幕で書く」と意識すれば充分です。**後は臨機応変に行きましょう。

第4章まとめ
CONCLUSION

❶ おもしろい文章は、「発見」のある文章である

❷ 発見には「主観的発見」と「客観的発見」がある

❸「発見」への4ステップは

1：広げる　2：分ける　3：選ぶ　4：仕上げる

❹「三幕構成」で文章を書く

何歳からでも、
おもしろくなれる。

橋口幸生（電通・コピーライター） ✕ 田中泰延（青年失業家）

6万超のフォロワーを持つアルファツイッタラーであり、500万PVという記録を誇る人気ウェブライター。そして、ベストセラー『読みたいことを、書けばいい。』の著者。さまざまなフィールドを行き来しながら、いま一番愛される文章をうみだしている書き手が、田中泰延さんだと思います。田中さんの文章の特徴は、圧倒的な情報量と読みやすさを両立していることです。特に映画評は1万字を超す長文でありながら、あふれる発見とユーモアで、あっという間に読めてしまいます。フリーになる前、田中さんが電通で24年間にわたりコピーライター・CMプランナーとして活動されていたのはご存じの通りです。今回は田中さんにビジネスにおける「読みやすい文章」について語ってもらいました。

「先回りして気を使える自分アピール」が、文章をムダに長くする。

橋口 僕がこの本を書こうと思ったきっかけが、下のメールなんです。第2章で読みにくいメールの例として取り上げました。

> 先日ご提案いただいた企画について、正式にお戻しの方をさせていただきます。その後、企画を社長に上げたところ、方向性や考え方は概ね問題ないものの、企画内容につきましてあらためてご検討・ご相談させていただきたいと考えております。社長からの指示につき、基本的には、社長の意見に、私ども現場としても同じ方向を向かうことを考えさせていただいておりますが、私ども現場としても、この企画にこだわりを持っておりましたので、修正をご提案いただく際に、修正後の説明も、社長からのネガティブがありながらも、いつも通りポジティブな方向で、丁寧にご対応いただけると助かります。

田中 これはすごい。本当に理解できないね（笑）。

橋口 解読すると「現場のやりたいことに社長がNGを出したから、うまくやってね」ということですよね。でも、僕への気遣いとか、責任を取りたくないとか、いろんな思いが迷走して、こうなってしまったんでしょうね。

田中 最高ですよね（笑）この意味不明さが、ねえ。「ネガティブがありながらも、いつも通りポジティブな方向で」…いったい何を言ってるんだと（笑）関西だと、もうちょっと本音をハッキリ言いますよ。「社長がアカン言うてるわ。どないしよ」「頼むわこれ。NGゆうてはるわ」とか。

橋口 でも、僕はこういう文章を、社会人になってから十数年読み続けてきたんです。広告会社に就職した直後、企画書もメールも、何が書いてあるか全然分からなくてビックリしました。自分は若手で経験が浅いし、能力も低いから理解できないのだろうと思っていたんですけど、ある時、気づいたんです。これはただ、文章がヘタク

何歳からでも、おもしろくなれる。

ソなんだ！　って。

田中　間違いない。何を言っているのか分からない文章ってありますね。某社から送られてきたメールにも、訳の分からないことが長々と書いてありました。で、最後に「9月中に案を出してくれると助かる」とあったんです。**「助かる」じゃなくて、「9月中に出せ！」ってことじゃないですか。**「助けない」って返信していいのかな（笑）。

橋口　「ご相談させてください」という表現も、最近よく見かけます。「9月中に案を出せないかご相談させてください」とか。

田中　「9月中にください」で、いいですよね。日本語がどんどん複雑になっています。丁寧さをはき違えているんでしょうね。**回りくどく言うと、敬意を払ったことになると考えている人がいるんです。**

橋口　「させていただきます」も、よく使われます。**「担当させていただきました」「受賞させていただきました」**とか。みんな自慢はしたいけど、嫌われたくないんで

しょうね。著名人だと**「入籍致しましたことをご報告させていただきます」**とか。

田中　おなかに子どもいるときは**「妊娠させていただきました」**って言うのかな（笑）。ギャグとして自覚的にやっているならいいんです。でも「こう言っておいたら無難かな、より丁寧っぽく見えるかな」っていう装飾ですよね。飲食業とかもそうじゃない？　**「こちら、カレーライスの方になります」**とかね。「え、待って！　カレーライスの方？　方向があるのか？　しかも変化するのか？」…ややこしいですよね。

橋口　最近は**「"了解しました"は失礼だから"承知いたしました"を使おう」**という潮流があります。若い人からのメールは全部「承知いたしました」になっています。でも、これって根拠が不明なんですよね。

田中　「承って」が入っているから丁寧に感じるんでしょうね。**でも、承知って「既に知っている」という意味です。**「承知いたしました」だと「え、分かってたの？」とな

る気がしますけどね。了解のほうが、「今この時点で解しました」という意味だから、文脈に合っています。でも私も最近「承知」って使ってしまっていますね。相手が書いているから。

橋口 「かしこまりました」も多いです。

田中 かしこまらなくていいのにねぇ、仕事なんだからね。お互い給料もらって働いてるだけなんだから。

橋口 「承知」や「かしこまる」の意味を深く考えず、なんとなく丁寧な言葉だから使っているのだと思います。

田中 僕は言葉を理解するために、よく図を書きますよ。たとえば「戦略」と「戦術」をごっちゃにしている人がすごく多い。「戦略」とは広い地図で考えることです。敵国を攻めるときに補給を絶つとか、海上を封鎖するとか、第三国に応援を要請するといったことですね。一方「戦術」は敵軍をどう突破するか、どう回り込むかといった局地的なことです。でも仕事では

「これが御社のとるべき戦術です」みたいな文章をよく見かけます。例えば、「幕府」という言葉も、当たり前に使ってるけど、よく意味が分からないですよね。英語の辞書を見ると "Kamakura military government" と書いてあります。要はクーデターによる軍事政権なんです。

橋口 令和への改元の時、海外メディアは「元号」を "Imperial Era" と訳していました。元号と言われるとよく分からないけど、Imperial Eraは本質がむき出しです。

田中 英語は意味から逃げないんですよね。日本人には「直接言わないでおこう」っていう気持ちが強いと思います。

橋口 それ自体は悪いことではないけど、度を越すと妙なことになります。

田中 私が会社員時代に、ある営業部長がチーム全員にこんなメールを送ったんです。

「クライアントの宣伝部長の〇〇さんは、海老アレルギーです。弁

当や撮影後のお食事で、決して海老を出さないでください」

まぁ、これは分かるじゃないですか。でも、その後にこう書いてあったんです。

「企画書にも、決してＡ案・Ｂ案と書いてはいけません」

橋口　えーっ（笑）！　本当ですか？

田中　**「こんなところまで先回りして気を使えるオレ」**をアピールしたいんでしょうね。「Ａ、Ｂで、海老と聞こえるだろう！」と。

橋口　じゃあ甲案、乙案とか…。

田中　イロハ案とかね（笑）。丁寧に、先回りすれば、自分の地位が上がり安泰だと思っているんです。TBSを退職されたTVプロデューサーの**角田陽一郎さん**は、予算が合わない時は**「それでは足りないですね」とハッキリ言いなさいと**仰っていました。「考えさせていただきます」とか「持ち帰ります」とかではなく**「それでは足りないですね」**と言えば、誰も困らない。

橋口　気を使えば使うほど、文章は無駄に長くなります。最初に見ていたメールは、1文が163文字もあるんです…。

田中　句読点の芸術ですよ。（笑）この本で**「短い文章は失礼じゃない」**ってことが伝わるといいですね。むしろくどくどしている方が、相手の時間を奪ったり、脳をムダに使わせたりするから失礼です。

橋口　キツイ言い方すれば、**長くて回りくどい文章を書く人は、仕事より自分が嫌われないことを優先していると思います。**

田中　嫌われないためにやっていることが、かえって相手に迷惑になっている。

橋口　短く書くために大切なのは、一文一意です。**基本的なことだけど、意外と守るのは難しい。**

田中　一文一意は凄く大事だと思うな。**読みにくい文章は一文の中でよじれるんです。**「社長がNGと言っていますが、しかし、たとえば、考え方によってはうんぬん…」と文章がメビウスの輪みたい

になります。「社長がNGと言って
います。」「しかし、こちらとして
はA案を推したいと思います」と
分ければいいんです。

橋口 一文一意のような基本的な
ことって、社会人になってからは、
習う機会が無いですよね。企業の
新人研修では、名刺の渡し方なん
かより、文章の書き方を教えるべ
きだと思います。僕の場合、入社
4年目の時に、ヒット広告を手が
ける有名クリエイターの下につく
機会がありました。その時、初め
て気づいたんです。**凄い人は、読
みやすい文章を書くことに。**

田中 **みんな短く書きますよね。**
僕が電通にいた時は、中治信博さ
んというクリエーティブ・ディレ
クターについていました。広告を
つくる時、クライアントは「この
商品は、ここがいい。ここもいい。
ここもいい」と広告会社に発注し
ますよね。中治さんは、まずそれ
を全部なぞるんです。「ここは優
れている」「ここが差別化でき
る」「ここも…」と企画書に書く。
そして次のページで**「いったん全
部捨てましょう」**って入れるんで
す。**あれこれ並べず、ひとつだけ**

言うほうが伝わることを教わりま
した。あとは**「15文字で言う」**で
すね。15文字にならなかったら、
すでに長い。

橋口 書いた文章は一字一句漏ら
さず読んでもらえる前提でいると、
文章はムダに長くなります。

田中 コピーライターは「広告な
んて誰も見てない」と叩き込まれ
ますからね。**僕は新入社員の時に
「洗い物をしている主婦」をイメー
ジしろと教わりました。**主婦が洗
い物の手を止めて見るCMじゃな
いと負けなんです。だから音楽が
流れているとか、爆発音がすると
か、人気タレントや声に特徴のあ
る人が何か言うとか、アテンショ
ンをつけます。**よく数百字の文章
を次々と矢印で結び付ける企画書
があるけど、アテンションが無い
から読めないですよね。**

橋口 泰延さんは文章を書く時、
どうアテンションをつけますか?

田中 自分が書いていて飽きてき
たら、冗談を入れるようにしてい
ます。「この前キャバクラで勝手
にシャンパンを入れられたり、時

何歳からでも、おもしろくなれる。

間を延長されたりした時のエピソードを書こう」とか（笑）。書き手が飽きている時は、読み手はもっと飽きるでしょうから。たとえば、滋賀県のサイトに、地元の有名武将・石田三成を解説する文章を書いた時は、こんなふうにしました。

みつなり…？　誰？　紹介しろといっても僕、知り合いの悪口しか言わないので有名です。いや、いちおう石田三成は知ってますけど知り合いではない。むこうは僕のことあんまり知らないと思う。**念のため、よく行くキャバクラに勤務している女性に「石田三成って知ってる？」と尋ねたところ「知らない」と答えが返ってきました。**「友達の友達はみな友達だ」とタモリさんも言っていましたが、僕はこの女性ととても親しいのに、この女性が知らないということは石田さんは僕の友達ではありません。**しかもこの女性の方は僕と親しいとは思っていないのです。**

※出典：「石田三成×滋賀県ポータルサイト」

橋口　歴史に興味のない人でも、スラスラ読めますね（笑）。

ビジネスでも、
自分を出そう。

橋口　泰延さんは『**読みたいことを、書けばいい。**』という本を出版されています。ブログやツイッターなどプライベートな文章でも、読みたいことを書くのは意外と大変です。ビジネスではどうすればいいのでしょうか？

田中　僕の場合は、広告する商品の開発者の話を必ず聞いていました。やっぱり開発者は熱いんですよ。どれだけ苦労して開発したか、売れてほしいかを涙ながらに語ったりする。その人を好きになってしまえば、ただのお仕事ではなくなりますよね。
「ビジネスの文章に、読みたいも書きたいもない」という意見もあるだろうけど、ちがうと思っています。たとえば「読みたいことを、書けばいい。」の担当編集者の今野良介さんは、9冊連続、担当した本に重版がかかっているんです。彼は「**自分が読みたい本しか作ら**

158

なかった」と言っています。かつて今野さんは年に４〜５回も風邪を引いて、仕事も休みがちだったそうです。そこで、風邪を引きにくい人や医者に取材して、『一流の人はなぜ風邪をひかないのか？』という本を作ったんです。おかげで風邪を引かなくなるし、重版になるしで、いいことしかない。ビジネスであっても、自分が欲しいものを作れば熱が入ってくるんです。

橋口　プレゼンや企画書ではない、メールのような連絡の文章はどうでしょう？

田中　メールでも、自分を出したほうが良くなりますよ。たとえば「どうも田中です。今日も暑いっすね〜。ところでクライアントに言われたことですが…」と、ひとこと入れるとか。冗談があった方が、文章はシンプルになるんです。たとえばこの前、メールに「企画の方は大分進んでますか？」と書いてあったので、「大分？　湯布院温泉ですか？　別府ですか？」と返信したんです。その後は「温泉の話じゃない！　Ａ案かＢ案か、進んでるかって聞いてるんです

よ！」と、話がシンプルになりました（笑）。それまでは「クライアントの意向が…昨今の潮流が…」みたいな、よく分からないやり取りが続いていたんですよね。冗談というのは物事をシンプルに、スムーズにするための方法だと思います。

橋口　言葉ダイエットと言っても、ただ削ればいいわけではないんですね。冗談を足すと、かえって文章がスリムになることもある。

田中　でも、たまに無視する人がいるんですよ（笑）。「その大分じゃねえよ！」って言ってくれる人は、会話のテンポ上げてくれるんです。でも、無視する人は相変わらず「先方の担当者がうんぬん…」と書き続けます。そういう人が冗長な日本語を作っているんでしょうね。

橋口　冗談だって、ある意味サービスなんだから、そこは反応してほしいですよね。人として。

田中　僕の電通時代の後輩が「人間として振る舞わなければ、人間として扱われることはない」と言

何歳からでも、おもしろくなれる。

っていました。ロボットのような定型文を吐き出したら、ロボットのような定型文が返ってくるんです。

橋口 就職活動では、ロボットのような定型文をよく見かけます。たとえば入社試験で「"公園"をテーマに作文を書きなさい」という課題があったとします。ほとんどの人が、次のようなものを提出するんです。

> 公園とは地域に欠かせないものです。子どもたちはもちろん、保護者も含めたコミュニティが形成され、交流が生まれます。しかし、近年は騒音クレームのため遊具の撤去や、ボール遊びの禁止など、公園のあり方自体が問われています。

田中 絶対こうなりますよね(笑)。とりあえず公園の定義をしてね。

橋口 そんな中で、次のような文章があったとします。

> 学生時代、大阪・西成の公園

を訪れたことがあります。ゴミ箱には「覚せい剤の注射器を捨てるな」という注意書きがありました。その近くでは頭から血を流した男性が、イビキをかいていました。さらに僕が公園に入った瞬間、大雪が降りだし、出た瞬間に止みました。一生忘れられません。

田中 これは目立つよね。

橋口 実は、僕が就職活動の時に書いた作文なんです。

田中 雪が突然降りだして、突然止んだ。これは全く意味のない情報だけど、情景が浮かびます。**情景が浮かべば勝ちなんですよ。**不思議なことがあるんですね～(笑)。

橋口 泰延さんだったら、公園というテーマで何を書きますか?

田中 僕だったら、ロンドンで一番好きなラッセル・スクウェアのことを書くかな。**ラッセル・スクウェアはParkではなくて、地元の人はCommonと呼んでいるんで**

すよ。僕たちが公園と言って思い浮かべる、滑り台や遊具がある小さな公園はCommonなんです。限られたスペースで、ちょっと寝そべったりクリケットしたり弁当を食べたりする。公共ということですね。**だから、お互いのCommonの使い方をCommonsenseと言うんです。**一方、ハイドパークみたいな、自然が豊かな大きい公園はParkなんですって。だからCommonsenseとは言うけど、Parksenseは言わないでしょ。

橋口　おもしろいですね！ 泰延さんが経験から得た「発見」ですよね。

田中　映画評やコピーを書く時もそうだけど、**与えられたテーマについて書かれたものを、自分が知りうる限り全部集めないとダメですね。**僕が「ラ・ラ・ランド」について書いた時は、ヤフー映画のコメントはすべて読みました。2300個くらいコメントがあるんですけど、全部読むんです。で、読み終わったころにはまた200くらい増えてる（笑）。キリがない。けどそうすることで、既出の情報を消していく。もう書かれていることについて書いても無駄ですからね。

「おもしろい」は、学べる。

橋口　かつての僕って、ものすごくつまらない大学生だったんですよ。就職活動でも「公園とは何か」みたいな文章ばかり書いていて、片っ端から落ちていました。**だから「公園とは何か」を書く人の気持ちは、よく分かります。**受験勉強の延長線上で文章を書くとこうなるんです。受験勉強って物事を抽象化し、自分を消すトレーニングですからね。

田中　橋口さんは「おもしろさ」を、社会人になってから体系的に学習したタイプなんですね。おもしろくないことを自覚しているからこそ、おもしろい文章やつまらない文章を分析していった。それはすごい学びですよ。**「おもしろい」や「目立つ」、「好かれる」って、英語や数学と同じように学べるんです。**

橋口　「モテたかったら、モテる人を観察して真似すればいい。そ

何歳からでも、おもしろくなれる。

れだけなのに誰もやらない」泰延さんはTwitterでも、こう書いてましたよね。

田中　誰だって赤ちゃんの頃は、そうやって言葉を学んだんです。でも、大人になると、みんなやめちゃうんですよね。**何歳からでも、おもしろくなれますよ。絶対に。**

橋口　文章が「**公園とは何か**」になってしまう**理由は、書き手としての訓練よりも、読み手としての訓練が不足しているのだと思います**。ビジネス文章とはこういうものだ！　という思い込みがあって、その雛形に当てはめる。その過程で自分を消すので「公園とは何か」になってしまう。

田中　**ラーメン屋でもカレー屋でも、まずい店ってあるじゃないですか。あれは店主がうまいものを食べたことないんです。**一回でも最高においしいラーメン食べて、それに似せようと思ったら、まずくはならない。まずいラーメンって、「鶏がらでダシを取って、醤油入れて、油と麺入れればラーメンでしょ」という、そのままをなぞることですよね。文章も同じで

す。**読みやすく書きたいなら、読みやすい文章にふれるべきなんです。**

橋口　泰延さんオススメの、読みやすい文章があれば教えてください。

田中　言葉ダイエットしているのは**ヘミングウェイ**ですね。全編コピーのようです。日本だと**開高健**ですね。やっぱりコピーライターですから。中でも『輝ける闇』と『夏の闇』がいいと思います。ベトナム戦争での特派員経験を書いたのが『輝ける闇』です。そして、戦争に懲りて女の子とイチャイチャする話が『夏の闇』。2冊セットなんですよ。

橋口　読んでみます！　今日はありがとうございました。

第 **5** 章

言葉ダイエット実例
「読みやすいとは、

こういうことだ」

本書収録の対談で、田中泰延さんは「おいしいラーメンを作りたければ、おいしいラーメンを食べなくてはいけない。**読みやすく書きたいなら、読みやすい文章にふれなくてはいけない**」と言っていました。

　ビジネス文章が読みにくい理由のひとつに、優れたお手本を目にする機会が少ないことがあると思います。どんなに読みやすい企画書やメールでも、関係者しか読めません。**たまたま優れた書き手と仕事をする機会に恵まれなければ、一生、名文にふれられないのです。**お手本のないまま、思いついたことをなんとなくビジネスっぽい定型文に当てはめると、長く抽象的な文章になります。

　では、どうすればいいのか？　ご安心ください。**そんなあなたのために、第5章では「読みやすいビジネス文章」のお手本を紹介します。**どれも「言葉ダイエット」で絞りに絞りあげた、精悍な文章ばかりです。全部で7つの文章を、「自己紹介」「事実」「提案」「正論」という4つのテーマに分けています。それぞれの文章がなぜ読みやすいのかの解説もつけました。

「エントリーシートを書くから、『自己紹介』の文章を参考にしよう」

「明日はプレゼンだ。『提案』の文章を読んで、構想を練るぞ」

…というように、あなたの目的に合わせて、すぐに役立てられるようになっています。

　何より、純粋に読み物としておもしろいものばかりです。仕事の息抜きにもなります。お茶を片手に、お楽しみください。

▶▶【自己紹介】を、どう読みやすく書くか

　自己紹介の文章は、とにかく具体的であることが大切です。誰だって自分を大きく見せたいものですが、そのために抽象論に走るとどうなるかは、これまで見てきた通りです。

【 自己紹介／「ひとりの商人、無数の使命」 】
（伊藤忠商事）

　具体的な自己紹介のお手本として、伊藤忠商事の企業広告「ひとりの商人、無数の使命」シリーズがあります。広告では伊藤忠で働く人々と、仕事の実例が紹介されます。

　アゼルバイジャン共和国領カスピ海沖合での油田開発。

　インドネシアの北スマトラでの、地熱発電プロジェクト。

　南アフリカの地下深く眠る、巨大プラチナ鉱脈。

総合商社らしい、スケールの大きいエピソードが並びます。しかし、本書で紹介するのは、日本でのジーンズ開発を取り上げた広告です。「失礼だけど、ちょっと地味だね。おもしろい文章になるの？」なんて思った方もいるのではないでしょうか？まずは広告を読んでみてください。

デニムは、ボクらだ。

「EDWINのデニムは、ヨーロッパのセレクトショップでも取り扱われています。好評です」。
伊藤忠商事に入社してから25年、デニム一筋、現在EDWIN出向中の大藪功一はそう熱く語る。
「ここ日暮里でも、子供からおじいちゃんまで地元の皆さまにご愛用いただいています」。
大藪は、EDWIN本社の近くの店に、出張や展示会で飛び回る合間にも頻繁に通うようにしている。
着る人の意外な本音を聞くことができるからだ。そして発見に満ちているからだ。

そのころ秋田のEDWIN大川工場では、工場長の井島梅が、生産ラインの中で目を凝らしていた。
30年、この道一筋。大藪が最も信頼を寄せる男。しかし昨年、今まで使ったことのない生地を大藪が調達すると、
井島が強い難色を示した。「伴縫が難しくて縫製に苦労するし、技術者もお手上げ状態」。でもこの生地の可能性は分かる。
大藪と生地メーカー担当者とで改善を重ね、何十というサンプルを作った。そして今、その製品は売り上げナンバーワンだ。
今日も井島は、社員みんながこの工場で働いていて良かったと心底思ってくれるよう、あらゆる面に心を砕く。

商人の大藪と職人の井島、ふたりの「デニム一筋」は、デニムに呼ばれるように出会い、共に歩む。

ひとりの商人、無数の使命　伊藤忠商事

shonin.itochu.co.jp

デニムは、ボクらだ。

「EDWINのデニムは、ヨーロッパのセレクトショップでも取り扱われています。好評です」。伊藤忠商事に入社してから25年、デニム一筋。現在EDWIN出向中の大窪功一はそう熱く語る。「ここ日暮里でも、子供からおじいちゃんまで地元の皆さまにご愛用いただいています」。大窪は、EDWIN本社の近くの店に、出張や展示会で飛び回る合間にも頻繁に通うようにしている。着る人の意外な本音を聞くことができるからだ。そして発見に満ちているからだ。（第一幕）

そのころ秋田のEDWIN大川工場では、工場長の井島修が、生産ラインの中で目を凝らしていた。30年、この道一筋。大窪が最も信頼を寄せる男。しかし昨年、今まで使ったことのない生地を大窪が調達すると、井島が強い難色を示した。「伸縮が激しくて縫製に苦労するし、技術者も お手上げ状態」。でもこの生地の可能性は分かる。大窪と生地メーカー担当者とで改善を重ね、何十というサンプルを作った。そして今、その製品は売り上げナンバーワンだ。今日も井島は、社員みんながこの工場で働いていて良かったと心底思ってくれるよう、あらゆる面に心を砕く。（第二幕）

商人の大窪と職人の井島。ふたりの「デニム一筋」は、デニムに呼ばれるように出会い、共に歩む。（第三幕）

ひとりの商人、無数の使命

　それでは文章を分析してゆきましょう。全体を見ると、「三幕構成」であることが分かります。

▶▶ 第一幕／導入

　主人公、大窪功一さんが紹介されます。

> EDWINのデニムは、ヨーロッパのセレクトショップでも取り扱われています。好評です

という冒頭は「客観的発見」です。日本のEDWINが実はヨーロッパでも人気という意外性で、読み手の心をつかみます。

> 「ここ日暮里でも、子供からおじいちゃんまで地元の皆さまにご愛用いただいています」。大窪は、EDWIN本社の近くの店に、出張や展示会で飛び回る合間にも頻繁に通うようにしている。

「日暮里」から続く文章の、リアリティのある「描写」に注目してください。ワイシャツの腕をまくった大窪さんが、汗を拭きながら、日暮里の路上を歩く情景が目に浮かびます。

▶▶ 第二幕／**展開**

> そのころ秋田のEDWIN大川工場では、工場長の井島修が、
> 生産ラインの中で目を凝らしていた。

　**読み手が飽きてきたタイミングを見計らったように、日暮里
から秋田に舞台変更**。さらに新キャラクターが登場します。怒
涛の展開で、読みたい気持ちが復活します。

　その後は、仕事仲間同士が衝突しながらも成功を勝ち取る様
子が語られます。プロジェクトXのようで、ワクワクしますね。

▶▶ 第三幕／**まとめ**

> 商人の大窪と職人の井島。

「商人」と「職人」の対比が見事です。ヒット商品を生む秘訣
は、異なる2人のチームワークにあったという結論が示されま
す。「**主観的発見**」ですね。デニムを超えた、総合商社というビ
ジネスそのものの本質が表現されています。

　最後まで読むと、デニム開発には、油田開発やプラチナ鉱脈
に勝るとも劣らない白熱のドラマがあることが分かるのです。

「デニムをグローバル市場に展開しています」とか「本社と工場のシナジーでプロダクト開発を進めました」みたいな抽象論は一切無し。**具体だけです。**だから伊藤忠の凄みが伝わってくるのです。

> ひとりの商人、無数の使命

…というタグラインも、具体性があっていいですよね。「ビジネスパーソンの数だけ、プロジェクトがある」みたいな、流行りのカタカナ語を使ったコピーだったら、すべてぶち壊しです。

　第3章で、エントリーシートではがんばった経験から得た「発見」を書けばいいと説明しました。伊藤忠の広告を読むと、その通りになっていることが分かります。

　エントリーシートなど自己紹介する文章を書くときは、伊藤忠の広告をぜひお手本にしてください。公式サイトに全シリーズ公開されているので、ブックマークしておくと便利ですよ。

まとめ
SUMMARY

自己紹介

- 「具体的」なことだけを書く
- 経験は、情景が浮かぶように「描写」する
- 経験から得た「発見」を書く

▶▶【事実】を、どう読みやすく書くか

　メール、報告書、対外的なPRなど。ビジネスでもっとも日常的に書くのが、事実を説明する文章です。これは簡単そうで、意外と難しいものです。説明だけだと、マニュアルのようで味気ない。とはいえ下手に膨らませると、「次世代のイノベーティブでグローバルなソリューションが…」みたいな文章になってしまいます。

　事実を記す文章のお手本として最適なのが、技術広告です。日本には優れた技術を持つ企業がたくさんあります。しかし、高度な技術ほど、一般人にとっては難解です。

　そこで企業は広告を使って、自社技術を分かりやすく説明するのです。15秒や30秒のテレビCMでは時間が足りないので、多くの場合、グラフィック広告が利用されます。そして、長文を読ませるために、腕利きのコピーライターが起用されます。**これを参考にしない手はありません。**

【　事実／例❶
「昨日まで世界になかったものを。」
（旭化成）　】

　最初に紹介するのは、旭化成の新聞広告です。

172

CHAPTER 5

中空糸によるかつてない
排水ろ過装置、世界へ。
どの国の問題でもない。
これは人間の問題だ。

世界中から、水不足のニュースが聞こえてくる。私たち旭化成が、雨を降らすことはできない。けれども、限りある水の有効利用はできる。（第一幕）

旭化成の精密ろ過膜「マイクローザ」は、私たち独自の中空糸技術で、低コストかつ高いろ過安定性を実現。現在、アメリカ、シンガポール、中国など世界1600箇所以上の浄水場や排水プラントで稼動している。（第二幕）

もちろんこれだけで、水問題が解決するわけではない。けれども、役立つ技術があるのなら、そのすべてを使ってくい止めてゆきたいと思う。これはどの国の問題でもなく、すべての人の、いのちと暮らしに関わる問題なのだから。昨日まで世界になかったもの「マイクローザ」。（第三幕）

昨日まで世界になかったものを。

▶▶ 第一幕／導入

　この文章で伝えたい事実は「第二幕」に集約されています。他は、極端な書き方をすれば、いらない情報です。しかし下記のように、いきなり「第二幕」からはじまった場合を想像してください。

> 精密ろ過膜「マイクローザ」は、旭化成独自の中空糸技術だ。低コストかつ高いろ過安定性を実現。現在、アメリカ、シンガポール、中国など世界1600箇所以上の浄水場や排水プラントで稼動している。

「待て、慌てるな。まずは落ち着け」と、読み手が引いてしまいそうですよね。見慣れない言葉と漢字の連発に、離脱者が続出するでしょう。第一幕は第二幕をスムースに読ませるための地ならしをしているのです。

> 世界中から、水不足のニュースが聞こえてくる。

　まずは、世界中の誰もが興味のある話題から文章がスタートします。これで読み手は「これは自分に関係のある広告だ」と認識するのです。

> 私たち旭化成が、雨を降らすことはできない。けれども、限

りある水の有効利用はできる。

　2文目は「**客観的発見**」です。「自分に関係のある広告だ」の後は、「なるほど、言われてみれば確かにそうだな」と思わせる。ますます続きが読みたくなります。

「限りある水の有効利用」という短い表現で、技術の目的を明らかにしていることにも注目してください。第二幕で登場する技術の説明も、「目的は限りある水の有効利用」という前提で読むので、頭に入りやすくなります。

　これで第二幕へと進む準備は完璧に整いました。

▶▶ 第二幕／**展開**

> 旭化成の精密ろ過膜「マイクローザ」は、私たち独自の中空糸技術で、低コストかつ高いろ過安定性を実現。現在、アメリカ、シンガポール、中国など世界1600箇所以上の浄水場や排水プラントで稼動している。

　修飾語は一切無し。事実だけが書かれた文章です。だから読みやすいのです。試しに、修飾語を加えてみましょう。

> 旭化成の精密ろ過膜「マイクローザ」は、私たちが誇る独

自の最先端中空糸技術です。低コストかつ高いろ過安定性を実現するので、**安全・安心**。現在、アメリカ、シンガポール、中国など世界1600箇所以上の浄水場や排水プラントで、**グローバル**に展開しています。

イッキに読みづらくなりましたね。第二章で記したように、修飾語は無ければ無いほど読みやすいことが分かります。

▶▶ 第三幕／**まとめ**

もちろんこれだけで、水問題が解決するわけではない。けれども、役立つ技術があるのなら、そのすべてを使ってくい止めてゆきたいと思う。

第三幕は、マイクローザだけでは水問題は解決できないという衝撃的な文ではじまります。広告は自社に都合の良いことしか言わないという思い込みを逆手に取った、巧みな手法です。化学メーカーらしい冷静で客観的な態度に、かえって好感度が高まります。

これはどの国の問題でもなく、すべての人の、いのちと暮らしに関わる問題なのだから。

締めくくりはキャッチフレーズ「どの国の問題でもない。こ

れは人間の問題だ。」を紐解いた文章になっています。**冒頭に提示されたモチーフが最後に「再提示」される構成は、やはり映画を彷彿とさせます。**スター・ウォーズでも（たとえがこればかりでスイマセン（笑））、第1作序盤に登場した2つの太陽が、第3作のラストシーンに再登場していました。「再提示」を上手に使うと、文章をドラマチックにしめくくることができます。

【 事実／例❷「世界の食料の約1/3は、ただ捨てられるために作られている。」(TOPPAN) 】

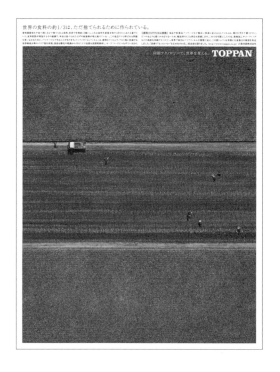

世界の食料の約1/3は、ただ捨てられるために作られている。

賞味期限切れや食べ残しなどで捨てられる食料、世界で年間約13億トン。これは食料生産量全体の3分の1にあたる量だという。食料需要が増加するその裏側で、本当は食べられたはずの廃棄物が増え続けている…。（第一幕）

この食品ロスと呼ばれる問題を食い止めるために、パッケージにできることがあります。トッパンの「GLフィルム」は、透明なフィルムで、アルミ箔に匹敵する世界最高水準のバリア性を実現。食品を酸化や乾燥から守ることで品質を長期間保持し、セーブ・フードにつなげていきます。（第二幕）

[透明バリアフィルム事業]
食品や医薬品パッケージなど幅広い用途に応えるGLフィルムは、薄さわずか十数ミクロン。ビンや缶よりも軽くかさばらないため、輸送時のCO_2排出も削減します。これらを可能にしたのは、蒸着加工やコーティングなどの高度な印刷テクノロジー。世界で高まるバリアフィルムの需要に応え、この度トッパンは米国に生産拠点の新設を決定しました。「技術で"もったいない"を広めなければ。」担当者は語りました。（第三幕）

広告の主題は、第三幕に登場する「透明バリアフィルム事業」です。この事業を知ってもらうために、一例として「GLフィルム」を第二幕で先行して取り上げています。

整理すると、「透明バリアフィルム事業」は「全体」であり、「GLフィルム」は「部分」です。「部分」の後、「全体」を説明する構成ですね。

順番を逆にして「透明バリアフィルム事業（全体）」→「GLフィルム（部分）」にしたらどうなるか、見てみましょう。

❶透明バリアフィルム事業（全体）

トッパンは蒸着加工やコーティングなどの高度な印刷テクノロジーを利用した「透明バリアフィルム事業」に取り組んでいます。世界で高まる需要に応えるために、米国での生産拠点の新設も決定しました。

❷GLフィルム（部分）

代表的な商品は「GLフィルム」。透明なフィルムで、アルミ箔に匹敵する世界最高水準のバリア性を実現しました。食品を酸化や乾燥から守ることで品質を長期間保持し、セ

ーブ・フードにつなげていきます。食品に限らず、医薬品パッケージにも利用可能。薄さわずか十数ミクロンで、ビンや缶よりも軽くかさばらないため、輸送時のCO_2排出も削減します。

　原文の第二幕、第三幕と比べると、ずいぶん読みにくくなりました。「蒸着加工」や「コーティング」という、一般には馴染みの薄い言葉が冒頭から登場するので、続きを読む気持ちになりにくいのです。

　まずは食品保存という誰でも理解しやすい、具体的な用途がある「GLフィルム」を紹介し、その後、主題の「透明バリアフィルム事業」を紹介する。理にかなった構成です。

　文章を書く時や企画書を構成するときはは、「全体」と「部分」という観点で情報を整理すると、ロジカルで読みやすくなります。

　あらためてトッパンのコピーを見てみましょう。

トッパンの「GLフィルム」は、透明なフィルムで、アルミ箔に匹敵する世界最高水準のバリア性を実現。食品を酸化や乾燥から守ることで品質を長期間保持し、セーブ・フードにつなげていきます。（部分）

［透明バリアフィルム事業］
食品や医薬品パッケージなど幅広い用途に応えるGLフィルムは、薄さわずか十数ミクロン。ビンや缶よりも軽くかさばらないため、輸送時のCO_2排出も削減します。（部分）

これらを可能にしたのは、蒸着加工やコーティングなどの高度な印刷テクノロジー。世界で高まるバリアフィルムの需要に応え、この度トッパンは米国に生産拠点の新設を決定しました。「技術で"もったいない"を広めなければ。」担当者は語りました。（全体）

トッパンの「GLフィルム」は、透明なフィルムで、アルミ箔に匹敵する世界最高水準のバリア性を実現。食品を酸化や乾燥から守ることで品質を長期間保持し、セーブ・フードにつなげていきます。（部分）

これらを可能にしたのは、トッパンの透明バリアフィルム事業の、蒸着加工やコーティングなどの高度な印刷テクノロジーです。（全体）

食品や医薬品パッケージなど幅広い用途に応えるGLフィルムは、薄さわずか十数ミクロン。ビンや缶よりも軽くかさばらないため、輸送時のCO_2排出も削減します。（部分）

世界で高まるバリアフィルムの需要に応え、この度トッパンは米国に生産拠点の新設を決定しました。「技術で"もったいない"を広めなければ。」担当者は語りました。（全体）

　原文の「部分」▶「全体」という構成を、ゴチャゴチャにしたのが改変後のコピーです。何の話をしているのか、非常に分かりにくくなりました。

　大きいプロジェクトでは、別々の人間がつくったスライドを、最後に合体してひとつの企画書に仕上げる場合があります。

「全体」と「部分」がゴチャゴチャになりやすいのが、こういう時です。

　ひとつのストーリーとして読んだとき、「全体」と「部分」が整理されているかどうかをチェックしましょう。

> **まとめ**
> ──────
> SUMMARY
>
> ## 事実
>
> - いきなり本題に入らず、読み手を引きつける「導入」を用意する
> - 最初に示したテーマを最後に「再提示」すると、文章がドラマチックになる
> - 「全体」と「部分」を整理して書きわける

▶▶ 【提案】を、どう読みやすく書くか

　【自己紹介】と【事実】をマスターしたら、いよいよ【提案】です。広告会社は、広告主にCMやポスターを提案します。メーカーは、自社製品を消費者に提案します。飲食店は、料理を来店した人に提案します。**あらゆるビジネスは、顧客に提案することで利益を得ているのです。**当たり前に思えますが、本当の意味での提案をするのは、とても難しいことです。

　提案とは「やりましょう」「買いましょう」「変えましょう」と

相手に呼びかけることです。主張しなければ伝わらないし、かといってやり過ぎると感じが悪くなる。さらにチーム作業の中で、色々な人が「あれを言いましょう」「これも言いましょう」と口を出してくる。結果、提案のない提案が、日本中にまかり通っています。

　あらためて考えてみると、日本では若い頃に提案のトレーニングを受ける機会が、あまりありません。学校では模範解答は教えても、提案は教えてくれません。社会人になって突然「さぁ、提案しよう！」と言われても上手く出来ないのは、無理もないことです。でも、安心してください。今からでも充分間に合います。さっそくお手本を見てみましょう。

提案／例❶
「日本は、義理チョコをやめよう。」
(GODIVA)

日本は、
義理チョコをやめよう。

バレンタインデーは嫌いだ、という女性がいます。その日が休日だと、内心ホッとするという女性がいます。なぜなら、義理チョコを誰にあげるかを考えたり、準備をしたりするのがあまりにもタイヘンだから、というのです。気を使う。お金も使う。でも自分からはやめづらい。それが毎年もどかしい、というのです。(第一幕)

それはこの国の女性たちをずっと見てきた私たちゴディバも、肌で感じてきたこと。もちろん本命はあっていいけど、義理チョコはなくてもいい。いや、この時代、ないほうがいい。そう思うに至ったのです。そもそもバレンタインは、純粋に気持ちを伝える日。社内の人間関係を調整する日ではない。(第二幕)

だから男性のみなさんから、とりわけそれぞれの会社のトップから、彼女たちにまずひと言、言ってあげてください。「義理チョコ、ムリしないで」と。気持ちを伝える歓びを、もっと多くの人に楽しんでほしいから。そしてバレンタインデーを、もっと好きになってほしいから。愛してる。好きです。本当にありがとう。そんな儀礼ではない、心からの感情だけを、これからも大切にしたい私たちです。(第三幕)

「日本は、義理チョコをやめよう。」というキャッチフレーズで、結論が冒頭から明らかにされています。**結論を明記することは、提案でもっとも重要なことです。**

当たり前のようでいて、出来ている提案は、決して多くありません。特に**数十ページに及ぶ超大作パワーポイントは、結局、何が言いたいのかサッパリ分からないものばかりです。**企画書のノウハウ本には、多くの場合、結論を最初に書くように記されています。僕だけの意見を言えば、このルールを厳守する必要はないと思います。すべての提案はオーダーメイドで、その時々によって最適なやり方は変わるからです。

しかし「結論を一文にまとめて、読み手に覚えてもらう」ことは、いつも意識しています。どんなにページ数を重ねても、覚えてもらえるのは、ほんの一部です。**「これさえ覚えてもらえれば充分」**という一文を、必ず提案に入れるようにしましょう。

次は、ボディコピー全体を分析します。このコピーもやはり三幕構成です。

▶▶ 第一幕

ここで書かれているのは「世の中の気分」です。職場で義理チョコを配るのは大変という、女性はもちろん、男性にも理解

できる内容が取り上げられています。

> バレンタインデーは嫌いだ、という女性がいます。

「世の中の気分」なので、GODIVAではなく、ある女性の意見という形で書かれています。義理チョコに悩む女性の姿が目に浮かぶ、優れた**描写**ですね。

　試しに同じ内容を描写無しで書いて、原文と比べて見ましょう。

BEFORE ｜ 描写有り

バレンタインデーは嫌いだ、という女性がいます。その日が休日だと、内心ホッとするという女性がいます。なぜなら、義理チョコを誰にあげるかを考えたり、準備をしたりするのがあまりにもタイヘンだから、というのです。気を使う。お金も使う。でも自分からはやめづらい。それが毎年もどかしい、というのです。

AFTER ｜ 描写無し

あなたは、バレンタインデーが嫌いではありませんか。義理チョコを誰にあげるかを考えたり、準備をしたりするのは大変です。気を使う。お金も使う。自分からはやめづらい。毎年もどかしくはないでしょうか。

内容は同じなのに、まるで共感できない文章になってしまいました。描写することで広告主の意見の押しつけではなく、女性を代弁する文章になっていることが分かります。

▶▶ 第二幕

　第一幕の「世の中の気分」を受けて、第二幕では「GODIVAの考え」が示されます。しかし、いきなり結論である「日本は、義理チョコをやめよう。」に踏み込むことはしません。みんなが当たり前に思っていることを変えるのは、大変です。GODIVAはあくまで慎重に筆を進めます。

> ❶それはこの国の女性たちをずっと見てきた私たちゴディバも、肌で感じてきたこと。
> ❷もちろん本命はあっていいけど、義理チョコはなくてもいい。
> ❸いや、この時代、ないほうがいい。
> ❹そう思うに至ったのです。

　4段階に分けて、じわりじわり外堀を埋めてから、「義理チョコはないほうがいい」という本丸に手を付けます。合戦の名人のような、見事な手際です。

　最後の一行、

> そもそもバレンタインは、純粋に気持ちを伝える日。社内の人間関係を調整する日ではない。

…は「主観的発見」ですね。「なるほど！」と膝を打った勢いで、読み手は第三幕へと進みます。

▶▶ 第三幕

ここに書かれているのは「呼びかけ」です。「義理チョコはないほうがいい」で終わらず、具体的に無くすために、男性に行動を呼びかけています。

> 彼女たちにまずひと言、言ってあげてください。「義理チョコ、ムリしないで」と。

こうして振り返ると、読みやすい文章は、読みやすい構造に沿って書かれていることが、あらためて分かります。三幕構成を利用した、ロジックがあるのです。

読みやすい文章にするには、いきなり書き出さずに、まず大雑把な構成をまとめるといいと思います。たとえがGODIVAであれば、下記のような感じです。

● 第一幕：世の中は、こうなっている。

- 第二幕：私たちは、こう思う。
- 第三幕：あなたには、こうしてほしい。

　構成をあらかじめ決めておくと、いきなり白紙を埋めるより、ずっと気楽に書けるようになります。**とくに流れがスライドごとに分断されるパワーポイントの資料をつくる際は、必ず事前に構成を練るようにしましょう。**

▶▶ 「やりましょう」だけが、提案じゃない

　「日本人は議論がヘタ」だとよく言われます。このことを実感するのが、意見を否定されるとすぐに「**代案を出せ！**」と言う人を目にしたときです。この手の人は議論のことを「**誰かが完璧な案を思いつくのを待つ場**」だと思っています。異なる考えをぶつけ合いより良い考えを導き出すという、議論の本質を理解していないのです。

　「**この案をやりましょう**」が提案なら、「**いや、この案には問題があります**」と指摘するのも立派な提案です。成功する人は大抵、耳に痛い意見を受け入れる度量を持っています。「代案を出せ！」とわめいている人の周りには、イエスマンしか集まりません。なにか間違いがあったとき、引き返すことができないのです。

しかし、こういう人が考えを変えるのを待ってはいられません。相手を感情的にしないで批判的な提案をするためのスキルを、人気ユーチューバーから学びましょう。

【 提案／例❷
「せやろがいおじさん」 】

「せやろがいおじさん」こと榎森耕助さんは、芸人ユーチューバーとして注目されています。赤いハチマキとTシャツ、フンドシ姿がトレードマーク。しかし、動画の内容はお笑いではありません。消費税や基地問題、選挙など、「代案を出せ！」で議論がストップしがちな社会問題への意見を述べています。重いテーマを分かりやすく、ユーモアのある切り口で語る「せやろがいおじさん」の言葉を分析してみましょう。

ここでは動画の内容から一部を抜粋して紹介します。全編は下のQRコードからご覧ください。

※年金制度の限界を認めたお偉いさんに一言
【せやろがいおじさん】
https://www.youtube.com/watch?v=Eswg2llKneO

年金制度の限界を認めた
お偉いさんに一言

いきなりやけど、政府のお偉いさんが「もう年金の給付水準維持すんの難しいから、自分らでも蓄え作り〜」って言い始めた。せ〜ので、一緒に思ったこと叫んでみよか。せ〜の、**年金払う意味あるけ〜？**

「年金額が減るなんてあり得ません」って言うてたけど、あり得たやん！「100年安心の年金制度」って豪語しておいて、急に「人生100年時代の蓄えを〜！」って自助努力呼びかけられてもビックリするわ！

「蓄え、作りや〜」って簡単に言うけど、それが出来へんから不安やねん！　日本のサラリーマンの平均賃金はここ20年で下がり続けているのに「定年した後30年生きるなら2〜3000万円ぐらいの蓄え必要やで☆」って言われても無茶振りすぎるやろ！　「蓄え、作りや。税金上げるけど」っていうのは、「太らなアカンで。飯減らすけど」言うてるようなもんや。**自然の摂理に反する！**

アメリカから高価な戦闘機を6兆円かけて100機以上爆買いしまくるより、出産一時金とか出産手当金とかをガンと増やしたり、保育士不足による待機児童問題を解決するために保育士の待遇を改善したり、少子化対策に思い切った

金額をつぎ込んだ方がまだ明るい未来が見えると思う！

もちろん国を守るのはめちゃめちゃ大事や。でも、もう内側から壊れかかっとんねん！ **「めちゃくちゃ高価な最強の鎧でガッチガチに身を固めた風邪引いてる人」** みたいになってんねん。そのカネあんねんやったら先に病院行って治療しぃ！ってなりません!?

え？　自己責任？　確かに俺みたいに芸人とかやってフラフラしてる奴は自己責任って言われても仕方ないかもしれん。けど、毎日朝から晩まで頑張って働いている人達まで老後の不安を抱えながら生活するのは、**おかしいんとちゃうか〜**。

榎森さんは自身の動画について、次のように語っています。

最初は、あるあるネタなどの「共感」で攻めようと思ったんですよ。

でも、最初の「違法アップロードされたアダルトビデオ」の動画は、アダルトビデオ業界の人から「よくぞ言ってくれた！」という形で拡散されました。

共感に加え、みんながモヤモヤしているけど言語化できない

ようなことが表現できると「すっきりした」みたいな形で広がっていった感覚がありました。

「みんながモヤモヤしているけど言語化できないようなことを表現する」のは、広告コピーと全く同じ手法です。本書の第4章でも、「**主観的発見**」という言葉で解説しました。潜在的感情を顕在化し、「言われてみれば、確かにそうだな」と共感してもらうということですね。具体的には、次の文章を読んでください。

いきなりやけど、政府のお偉いさんが「もう年金の給付水準維持すんの難しいから、自分らでも蓄え作り〜」って言い始めた。せ〜ので、一緒に思ったこと叫んでみよか。**年金払う意味あるけ〜？**

「年金額が減るなんてあり得ません」って言うてたけど、ありえたやん！　「100年安心の年金制度」って豪語しておいて、急に「人生100年時代の蓄えを〜！」って自助努力呼びかけられてもビックリするわ！

政治家への「みんなのモヤモヤした気持ち」を言語化することで、強い言葉になっているのが分かります。思わず溜飲が下がり、続きを見たくなりますね。

「蓄え、作りや〜」って簡単に言うけど、それが出来へん

から不安やねん！　日本のサラリーマンの平均賃金はここ
20年で下がり続けているのに「定年した後30年生きるな
ら2〜3000万円ぐらいの蓄え必要やで☆」って言われても
無茶振りすぎるやろ！

　このくだりを説得力あるものにしているのは、「**日本のサラ
リーマンの平均賃金はここ20年で下がり続けている**」というデー
タです。つまり「客観的発見」ですね。議論が分かれそうな
テーマほど、データで武装することが求められます。

「蓄え、作りや。税金上げるけど」っていうのは、「**太らな
アカンで。飯減らすけど**」言うてるようなもんや。

　データからの流れを、「たとえ」で受けています。とっつきづ
らいテーマを身近な話題にたとえることで、親しみやすくして
いるのですね。

もちろん国を守るのはめちゃめちゃ大事や。でも、もう内
側から壊れかかっとんねん！　「**めちゃくちゃ高価な最強
の鎧でガッチガチに身を固めた風邪引いてる人**」みたいに
なってんねん。

　「せやろがいおじさん」の最大の魅力は、ここです。「もちろん
国を守るのはめちゃめちゃ大事や」と、**異なる意見にも理解を
示しています**。真正面から強い提案を受けると、人は心を閉ざ

します。「あなたのことも分かる」という態度が、「代案を出せ！」ではなく「いっしょに考えよう」という態度へとつながるのです。

　動画の流れを整理すると、次のようになります。

❶「モヤモヤ」を言語化する
❷背景にある「データ」を紹介する
❸「たとえ」で腹落ちさせる
❹「異なる意見への理解」を示す

　これは「せやろがいおじさん」の他の動画でも、共通して用いられているフォーマットです。先述した「ロジック」があるのが分かりますね。ビジネスの提案でも応用して、議論を深められそうです。大いに参考にしたいですね。

> **まとめ**
> SUMMARY
> ## 提案
>
> ● 結論を一文にまとめて明記する
> ● ロジックを持つ
> ● データを引用する
> ●「たとえ」で分かりやすくする

▶▶【正論】を、どう読みやすく書くか

　一般的に、ソーシャルメディアでは極論のほうが拡散されると言われています。世の中、明確に白黒つけられることなんて、滅多にありません。白かもしれないし、黒かもしれないから、地道に考え続けなければいけない。そんな物事のほうが多いでしょう。だからこそ「これは黒だ！　誰がなんと言おうと黒なんだ！」という声は痛快で、つい耳を傾けてしまいます。

　言うまでもなく、これは極めて危険な傾向です。**フェイクニュースは事実の20倍の速さで拡散する**※と言われていますが、その多くが扇情的な極論だからでしょう。極論が拡散するとき、常識やサイエンス、ロジックは無視されます。歴史を振り返ると、そのために数多くの悲劇が起きています。

　　※参考：ウソの拡散スピードは事実より20倍速い
　　　　（プレジデントオンライン）
　　　　https://president.jp/articles/-/26902

「白かもしれないし、黒かもしれない。安易に答えを出さず、地道に考え続けなければいけない」そんな地道な「正論」を分かりやすく伝えるノウハウが、今、必要とされているのです。

　やや話のスケールが大きくなりましたが、ビジネスでも正論を伝えなくていけないことは多々あります。たとえばあなたがリーダーとして、チームを率いる時。スタッフに仕事のあるべ

き姿を説かなくてはいけないこともあるでしょう。下手にやる
とお説教に聞こえてしまい、真意が伝わらないかもしれません。
社長から送られてきた朝礼のメールを読み飛ばしたことは、誰
にでもあるのではないでしょうか。

　　正論を正論として伝える文章は、どう書けばいいのか？　僕
が手がけたポスターを例として解説します。

正論／例❶
「里親が育てる。社会が支える」
（子どもの家庭養育推進官民協議会、日本財団）

一緒にご飯を食べる。
お風呂に入る。
川の字で寝る。

こんなしあわせな仕事って、ないかも。

生みの親と暮らせない子どもと、ともに生活する。成長を見守る。それが里親の仕事です。ご飯やお風呂、お手伝いなど。ふつうの家庭生活を通して、一般常識や社会性を育みます。（第一幕）

成人まで育てる場合から、数週間の共同生活まで、子どもとの関係はさまざまです。（法律上の実子として迎える養子縁組とは異なります）研修や専門の相談窓口、里親手当など、里親をサポートする制度もあります。（第二幕）

アメリカやイギリスの里親委託率が7割を超す一方、日本はまだ2割ほど。世界のあたりまえを、日本のあたりまえに。詳しい情報はウェブをご覧ください。（第三幕）

ポスターを作るにあたり最初にやったことは、里親として子ども達を育てている方々への取材です。話を聞いてみると、当事者にしか知りえないエピソードがたくさんありました。

ある里親さんは、晩ごはんに何を食べたいか子どもに聞いた
ところ、きょとんとされた経験を語ってくれました。施設では
献立が決められているため、「食べたいものを作ってもらえる」
という発想が無かったのです。別の里親さんは、一緒にお風呂
に入ったとき子どもに号泣された思い出を語ってくれました。
その子も施設育ちで、親と風呂に入った経験が無いので、初め
て見る大人の裸にビックリしたのだそうです。

　あらためてポスターを見ていただくと、キャッチフレーズは、
取材で知ったエピソードの「**描写**」であることが分かると思い
ます。リアリティのある描写により読み手を引きつけ、里親へ
のネガティブなイメージを払拭することが狙いです。

　一方、ボディコピーでは徹底して、里親制度はどういうもの
かという「**ファクト**」のみを書いています。制度の社会的意義
などには、一切ふれていません。**子どもを救うという明確な社
会的意義は、文字にしなくても読み手が感じてくれると判断し
ました。**

　最近のテレビ番組では、音声がいちいち文字テロップで念押
し表示され、出演者の笑顔がワイプで映し出されます。そこに
あるのは番組側の、視聴者を完全にコントロールしようとする
意識です。

　正しいことを伝えたいとき、「これは正しいです」と文字にす

るべきではありません。あなたが正しいと信じる事実を書けばいいのです。

　次に紹介するのは広告ではなく、岐阜新聞に掲載されたコラムです。書き手は都竹淳也さん。コピーライターやコラムニストでなく、飛騨市長です。※肩書は2019年11月現在

正論／例❷
「飛騨市長のコラム」

障がい児の親として

飛騨市長　都竹淳也

　私の次男は最重度の知的障がいのある自閉症児である。特別支援学校中学部の1年生。多くの方々のご支援をいただきながら暮らしている。

　次男の障がいが分かったのは2歳の頃だ。言葉の遅れなどが顕著で、不安に駆られ、自閉症との診断を受けた。今も知的には幼児程度だし、困難なことも多いが、我が子はかわいい。自分自身も障がいのある子を持って、大きく変わったと思う。次男のいいところはどこだろうと毎日見ているうちに、同じように職場の部下や同僚を見るようになり、強みを伸ばす組織運営をするようになった。弱い立場の人たちを意識するようになり、障がい児者だけでなく、病気や生活困窮、ひとり親家庭など、厳しい状況にいる人たちを助けたいと強く思うようになった。

　そうした頃、県職員だった私は、願い叶って障がい児支援の仕事に就くことができ、重症心身障がい児を医療面から支える仕事に打ち込んだ。市長となった今も、弱い立場の方々の支援は市政の最重点だ。昨年は、自治体としては全国初の児童精神科単科の診療所「飛騨市こどものこころクリニック」を開設した。日中一時支援事業所や発達支援センターの整備にも力を入れている。今年はひとり親家庭の支援に強化する。こうした分野に取り組むのは、恐れずに言えば、自分の子どものためである。公職にある自分が支援を充実させれば、多くの方々が救われる。それは次男が私をしてなさしめたことであり、この子が世の中のお役に立ったことになるからだ。このことだけは徹底して親ばかでありたいと思う。

（岐阜新聞 2018年2月11日付掲載）

障がい児の親として

私の次男は最重度の知的障がいのある自閉症児である。特別支援学校中学部の1年生。多くの方のご支援をいただきながら暮らしている。

次男の障害が分かったのは2歳の頃だ。言葉の遅れなどが顕著で、不安に駆られ、医師の診察を受け、自閉症との診断を受けた。今も知的には幼児程度だし、困難なことも多いが、我が子はかわいい。自分自身も障がいのある子を持って、大きく変わったと思う。(第一幕)

次男のいいところはどこだろうと毎日見ているうちに、同じように職場の部下や同僚を見るようになり、強みを伸ばす組織運営をするようになった。弱い立場の人たちを意識するようになり、障がい児者だけでなく、病気や生活困窮、ひとり親家庭など、厳しい状況にいる人たちを助けたいと強く思うようになった。そうした頃、県職員だった私は、願い叶って障がい児者支援の仕事に就くことができ、重症心身障がい児者を医療面から支える仕事に打ち込んだ。

市長となった今も、弱い立場の方々の支援は市政の最重点だ。昨年は、自治体としては全国初の児童精神科単科の診療所「飛騨市こどものこころクリニック」を開設した。日中一時支援事業所や発達支援センターの整備にも力を入れている。今年はひとり親家庭の支援を強化する。(第二幕)

> こうした分野に取り組むのは、誤解を恐れずに言えば、自
> 分の子どものためである。公職にある自分が支援を充実さ
> せれば、多くの方々が救われる。それは次男が私をしてな
> さしめたことであり、この子が世の中のお役に立てたこと
> になるからだ。このことだけは徹底して親ばかでありたい
> と思う。（第三幕）

　この文章には、本書に記してきたすべてがあると思います。読みやすい文章を書くためには、ある程度のスキルやノウハウも必要です。しかし、本質的には「**自分以外の誰かを、どれだけ思いやれるか**」ということなのです。つまり「**想像力**」ですね。

　読み手の気持ちを想像すれば、カタカナ語を連発した、何十文字も続く長文は書けないはずなのです。

　言葉を換えれば、読みにくい文章とは「読み手そっちのけで、自分のことばかり考えている文章」とも言えます。自分の言いたいことを全部詰め込むから、ダラダラ長くなる。自分が傷つきたくないから、「させていただきたいと思います」のような回りくどくて不自然な敬語を使う。**すべては「想像力」の問題な**のです。

　コラムでは、都竹市長が次男の誕生をきっかけに弱い立場の

人々への想像力を持つようになったことと、その結果起きた変化が語られます。

　まず、この1文に注目してください。

> 言葉の遅れなどが顕著で、不安に駆られ、医師の診察を受け、自閉症との診断を受けた。

修飾語を一切使用せず、ファクトが淡々と記されています。文章全体がこのトーンで書かれているので、繊細なテーマながら、テンポよく読めるのです。ファクト中心の文章だからこそ、

> 多くの方のご支援をいただきながら暮らしている。

> 今も知的には幼児程度だし、困難なことも多いが、我が子はかわいい。

…といった、時折垣間見える市長の人柄が胸を打ちます。

　文章全体を見ると、やはり「三幕構成」です。第一幕は、市長の次男について。第二幕は、次男の誕生が市長と飛騨市にもたらした変化について。そして第三幕は、視点を変えて再び次男のことが語られます。第一幕のテーマを、第三幕で「**再提示**」しているのです。旭化成でも使われていた手法ですね。最後の一文も見事です。

> このことだけは徹底して親ばかでありたいと思う。

シリアスな正論ほど、ユーモアが輝くことが分かります。ビジネス文章でも、積極的にユーモアを活用するべきです。

都竹市長ほど見事な文は書く必要はありません。ちょっとしたシャレくらいでいいと思います（**ただし下ネタは厳禁**）。

たとえスベってもいいのです。**大切なのは、あなたが読み手の気持ちを想像し、退屈させない努力しているのが伝わること**です。

まとめ
SUMMARY

正論

- 正しさを文字で強調しない
- 自分が正しいと信じる事実を書く
- 「ユーモア」を入れる

【 読みやすい文章を書くための
最重要ポイント 】

第5章では7つの実例を通して、読みやすい文章とは何かを解説してきました。広告、動画、新聞のコラムと種類は色々あっても、そこには共通の構造があることが分かったと思います。

最後にまとめとして、これさえ押さえておけば、絶対に読みやすい文章が書ける！ …という、一番重要なポイントをお伝えしましょう。

読みやすい文章を書くための、最重要ポイント。
それは、

「読みやすい文章をマネする」

ことです。

どんなすごい秘密が明かされるのかと思ったら、それかよ！ …と、拍子抜けされたかもしれません（笑）。でも、赤ちゃんが喋れるようになるのは、お母さんやお父さんの言葉をマネするからですよね。スポーツだって、上達するためにまずやることは、自分より上手な人のマネです。絵画や楽器の演奏なども同じでしょう。

あらゆることは、マネをすれば上達できる。

誰もがマネして大人になったのに、ビジネスになった途端、止めてしまう。

実に不思議だし、もったいないことだと思います。

読みやすい文章を書く人ほど、マネがうまい。ここに実例を紹介しましょう。仲畑貴志さんが1976年に書いた、「角」のコピーです。コピーライターなら誰でも知る名作です。

　この文章を読んでみてください。

（サントリー 1976年）

そのH₂O が問題なのです。井戸水に限るという者がいるかと思えば、いや井戸水はいけないという者がいる。そこへ、ミネラルウォーターが良いと口をはさむものがいて、水道で充分という者がおり、それならば断じて浄水器を使用すべしと忠告するものがいる。
また、山水こそ至上と力説する自称水割り党総裁が出現し、清澄なる湖水に勝るものなしとの異論が生じ、花崗岩層を通った湧き水にとどめをさすと叫ぶものあり。

言葉ダイエット実例「読みやすいとは、こういうことだ」

果ては、アラスカの氷（南極ではいけないという）を丁重に削り取り、メキシコの銀器に収め、赤道直下の陽光で溶かし、さらにカスピ海の…と茫洋壮大なる無限軌道にさまよう者もある。と思えば、そっとあたりを伺い、声をひそめ、ただひと言、秋の雨です、と耳うちする者がいたりする。

我が開高健先生によれば、「よろし、よろし、なんでもよろし、飲めればよろし、うまければよろし」ということになる。

さて、あなたは？　今夜あの方と、水入らずで。「角」。

　次にチェコの作家カレル・チャペックの『園芸家12カ月』にある、この文章を読んでみてください。

木炭をまぜるといいと言う者がいるかと思うと、いけないと言う者がいる。また、黄いろい色をした砂には鉄分がふくまれているから、少量加えるといいと言う者がある。かと思うと、また、黄いろい色をした砂には鉄分がふくまれているから気をつけなきゃいかんと言う者がある。ある者は清潔な川砂がいいと言い、ある者はピートだけでやるのがいいと言う。また、なかには、おがくずがいいと言ってすすめる者もいる。要するに、播種用土の準備ということは重大な秘法であり、魔法の儀式なのだ。

カレル・チャペック（小松太郎訳）『園芸家12カ月』（中公文庫）

「角」のボディコピーの導入は、『園芸家12カ月』が元ネタであることがハッキリ分かります。誤解のないように解説しますが、これはパクリではありません。チャペックの文章を「角」の広告の元ネタにするなんて、仲畑貴志さん以外、誰も考えつかないでしょう。**これこそがオリジナリティなのです。**

ここで、またしても『スター・ウォーズ』の話に戻ります（笑）。ジョージ・ルーカスがジョーゼフ・キャンベルの著書『千の顔をもつ英雄』から『スター・ウォーズ』の着想を得たのは有名な話です。ギルガメシュの冒険からオデュッセウスの旅、ブッダの修行、そして日本のイザナギとイザナミの物語など。この本でキャンベルは世界中の神話や民話を分析し、人々の心を動かす物語には共通した構造があることを明らかにしています。ジョージ・ルーカスは神話をマネして、舞台を宇宙に変えることで、『スター・ウォーズ』を作りました。

文章に限らず、優れた表現には必ず元ネタがあるのです。

僕の場合、どうしているのかも教えましょう。

僕は書くコピーの種類に応じて、参照する元ネタを明確に決めています。

- 技術広告なら、あのコピーを元ネタにする。
- 詩的な内容にしたい時は、あのコピーを元ネタにする。

● 競合プレゼンのＶコンは、あのCMを元ネタにする。

…といった感じです。（元ネタが何なのかはヒミツです……笑）別の元ネタをミックスしたり、アレンジしたりすることもあります。仕事毎に、臨機応変に対応することが重要です。こうすることで、ゼロから書くよりはるかに効率的に、読みやすい文章が書けるのです。

　元ネタには「ストック」がありますし、入れ替えもします。読みやすい文章を書くためには、まず読みやすい文章にふれるようにしましょう。そして出来た元ネタの「ストック」が、あなたの武器であり、オリジナリティです。

　本書では「自己紹介」「事実」「提案」「正論」の４パターンを紹介しました。これだけでエントリーシートや企画書、メールなど、ビジネスで必要とされる文章の大半がカバーできるはずです。あとは日頃から、読みやすい文章にふれるようにしてください。そしてあなたの「ストック」を進化させてください。

まとめ SUMMARY　読みやすく書くための最重要ポイント

● 日頃から読みやすい文章にふれる

● 読みやすい文章のマネをする

● 元ネタをストックする

5

211

言葉ダイエット実例「読みやすいとは、こういうことだ」

言葉ダイエットで、
楽しく書こう。楽しく働こう。

本書執筆中にも、たくさんの読みにくい文章を目にしました。丁寧にすぎて真意が分からないメール。カッコつけてばかりで中身のない企画書やエントリーシート。こうした文章にふれて思うのは、読みづらいだけではなく、生きづらいなぁ…ということです。

「ご相談させていただけますか」のような過剰な敬語の背景には、過剰な気遣いがあります。もっと言えば、恐れです。相手に失礼だと思われたくない。嫌われたくない。そんな書き手の恐れが伝わるので、読んでいるほうまで疲弊します。

カタカナが連発された企画書から伝わるのは、「ビジネスっぽくしなくちゃ！」という強迫観念です。ビジネス用語という鎧をまとうことで、自分を強く見せつつ、防御しているのだと思います。しかし、鎧の中にどんな人が入っているのかは、さっぱり見えてきません。書き手の顔が全く見えない文章は、読んでいてつらいものです。

読みづらい文章の氾濫には、不寛容な時代性の影響もあると思

います。一度失敗したら最後、どこまでも吊るし上げられ、バッシングされる。自己責任論が横行し、強者が弱者を嘲笑する。こんな時代を生き抜くために、言葉の鎧をまとうのは、無理もないことかもしれません。

　しかし、原点を思い出しましょう。ビジネスの目的は、顧客の課題解決です。私たちが働くのは、社会に参加し、お金を稼ぎ、人生を充実させるためです。**究極的には、ビジネスは「幸せ」を目指すものなのです。**それは競争であっても、戦いではありません。鎧をまとう必要なんて無いのです。

　性格も得意なことも異なる者同士が集まり、「幸せ」という共通の目的のために力をあわせる。そこに必要なのは、過剰な気遣いや背伸びではありません。信頼とリスペクトです。**ビジネスは本来、人間関係を楽にしてくれるものなのです。**

「仕事に自分らしさなんていらない。辛い目に遭っても、歯を食いしばって耐えろ。給料なんてガマン料みたいなものだ」

　そんな考えが、まだ日本では主流なのかもしれません。**しかし今後、非人間的な仕事は、AIにまかされるようになります。**

　考えてみてください。かつてピラミッドの石を運ぶのは奴隷の仕事でした。今では同じ仕事を、トラックや重機が人間の1億倍くらいの効率でやってくれます。**人類の歴史は、辛い仕事をサボるために工夫してきた歴史なのです。**AIが人間の仕事を奪うのは歴史の必然と言っていいでしょう。

　自分らしさを出せて、好きや得意を活かせて、自己実現につながる。人間的な仕事だけが、AI時代における人間の仕事になってゆきます。これは必ずしも明るい話ではありません。**仕事に自分を見いだせない人は、仕事を失うことを意味しているからです。**

　だからこそ、「**言葉ダイエット**」しましょう。鎧を脱ぎ捨てましょう。「読みやすい文章が書きたい」そんな思いで本書を手にとったあなたは、間違いなく誠実で、真摯で、高い能力を持っています。あなたのありのままを、文章でも出す。それだけでいいのです。

　この本だって、同じです。

「企画書もメールもエントリーシートも読みにくい。これって、おかしくない？　ビジネスであれ何であれ、文章が読みにくくていいわけがない」

ずっと思っていた胸の内を明かし、共感してくれた人がいたことで、世に出すことができました。

　進行管理から構成のアイデア出しまで何でもこなすスーパー・プロデューサーであり、担当編集の栗村卓生さん。ラストスパートを支えてくれた浦野有代さん。本書での対談やトークショーなどで、お世話になりっぱなしの田中泰延さん。本書への事例掲載を快諾していただいたみなさま。本当にありがとうございました。

　執筆を支えてくれた妻。「ここは、おもしろくない！」と厳しいダメ出しをしてくれた娘。「"お味噌汁とおかずとご飯を食べた"と書くより、"ごはんを食べた"と書いたほうが短くできるよ」とアイデアを出してくれた息子。両親にも、この場を借りて感謝します。

　そして何より、星の数ほどある本の中からこの一冊を選び、読んでくれたあなたに、心から感謝を。

　…謝辞ってどの本も似たような内容で、つまらない。そう思っていたのに、いざ自分が筆者になると、似たような内容になってしまいました（笑）。それは、どんなにダイエットしても削ぎ落とせない、僕の心からの気持ちだからです。

伝わっているか？

小西利行 著

「伝える」と「伝わる」は違う——サントリー伊右衛門などを手掛けるコピーライター・小西利行が「伝わる」メソッドを公開。人、そして世の中を動かす、言葉を生む方法論。言葉を変えれば、仕事が変わる。恋愛が変わる。世界が変わる。

■本体1400円＋税
ISBN978-4-88335-304-0

ここで広告コピーの本当の話をします。

小霜和也 著

著者は、プレイステーションの全盛期をつくったクリエイター・小霜和也。多くの人が思い込みや勘違いをしている「広告」について、ビジネスの根底の話から、本当に機能するコピーの制作法まで解説。コピー一本で100万円請求するための教科書。

■本体1700円＋税
ISBN978-4-88335-316-3

名作コピーの時間

宣伝会議 編

『ブレーン』の連載「名作コピーの時間」を書籍化。現役のクリエイター124人の心に刺さり、今でもお手本になるコピー。彼らをして「自分では絶対に書けない」と言わせるコピーを、エピソードとともに振り返ります。

■本体1800円＋税
ISBN978-4-88335-449-8

電信柱の陰から見てるタイプの企画術

福里真一 著

『宣伝会議』の人気連載の書籍化。地味で、暗くて、人づきあいが苦手…。そんな人間でも企画はできる！サントリーBOSS「宇宙人ジョーンズ」など、ヒット連発のCMプランナー福里真一の企画・発想術が詰まった一冊。

■本体1600円＋税
ISBN978-4-88335-290-6